Patrick Rosenthal

WATCH & COOK

70 kultige Rezepte aus den beliebtesten Serien

riva

Bibliografische Information der Deutschen Nationalbibliothek
Die Deutsche Nationalbibliothek verzeichnet diese Publikation in der Deutschen Nationalbibliografie. Detaillierte bibliografische Daten sind im Internet über http://dnb.d-nb.de abrufbar.

Für Fragen und Anregungen
info@rivaverlag.de

Originalausgabe
1. Auflage 2021

Nymphenburger Straße 86
D-80636 München
Tel.: 089 651285-0
Fax: 089 652096

Redaktion: Caroline Kazianka
Umschlaggestaltung: Isabella Dorsch
Umschlagabbildungen und Abbildungen im Innenteil: Patrick Rosenthal
Satz: Satzwerk Huber, Germering
Druck: Florjancic Tisk d.o.o., Slowenien
Printed in the EU

ISBN Print 978-3-7423-1479-6
ISBN E-Book (PDF) 978-3-7453-1151-8
ISBN E-Book (EPUB, Mobi) 978-3-7453-1152-5

INHALT

VORWORT

Erwischt, ich bin ein Serienjunkie, und das schon seit vielen, vielen Jahren. In diesem Buch findet ihr für einen Serien-Marathon-Abend Rezepte aus meinen vier Lieblingsserien (okay, ich habe noch ein paar Lieblingsserien mehr, aber das Buch hatte leider nur begrenzt Platz). Ihr könnt Carries Lieblingseis ausprobieren oder asiatisches Fast Food für einen Mädelsabend à la *Sex and the City*. Und ein Geheimnis kann ich euch auch verraten: Ich hätte mir beste Freundinnen wie Carrie, Samantha, Charlotte und Miranda gewünscht. Das wäre sicherlich ein großer Spaß gewesen.

Aus der Kleinstadt Riverdale bringe ich Hotdogs und die besten Milchshakes mit. Manchmal musste ich eine Episode wieder zurückspulen, weil ich vor lauter Milchshakes und Burgern so abgelenkt war, dass ich nicht alles mitbekommen habe.

Bei zehn Staffeln *Friends* hat man mittlerweile das Gefühl, als wäre man mit Monica, Rachel, Phoebe, Ross, Joey und Chandler groß geworden. Und Joeys Meatball Sandwich habe ich mehr als einmal verspeist.

Stars Hollow hat einen großen Vorteil im Gegensatz zu dem beschaulichen Dörfchen, in dem ich lebe: »Luke's Diner«. Ich mag Luke und ich mag das Diner und ich würde jeden Tag dort essen und meine Kaffeelust befriedigen. Und dazu noch ein paar Donuts, Muffins oder auch mal ein großes Stück Apple Pie ganz frisch aus dem Ofen essen.

Um euch bei einem Serienabend mit *Downton Abbey* direkt in die Vergangenheit zu katapultieren, habe ich euch Süßes und Deftiges mitgebracht. Violet Crawley hat mich einfach gefesselt.

Ich wünsche euch viel Spaß beim Kochen, Backen, Essen und Trinken ... und natürlich beim Serienschauen.

SEX AND THE CITY

»Asian Night«

Samantha, Carrie, Miranda und Charlotte verbringen einen gemütlichen Dienstag-Mädelsabend und bestellen asiatisches Fast Food. Hauptthema sind Männer, die nur Models daten, und die (Un-)Schönheiten des eigenen Körpers.

Gebackenes Hühnchen mit Reis und süßsaurer Soße

ZUTATEN

FÜR 2 PORTIONEN

Für die Soße:
1 rote Paprikaschote
50 g Lauch
1 Möhre
25 g Bambussprossen (aus der Dose)
100 g Ananasstücke (aus der Dose)
2 EL Sonnenblumenöl
100 g brauner Zucker
1 EL Speisestärke
125 ml Weinessig
3 EL Tomatenmark
60 ml Ananassaft
2 Knoblauchzehen

Für den Reis:
100 g Basmatireis

Für das Hühnchen:
125 g Mehl
1 EL Speisestärke
1 TL Backpulver
1 EL + 200 ml Sonnenblumenöl
150 ml Wasser
400 g Hähnchenbrust
Salz
Pfeffer

1. Für die Soße Paprika und Lauch putzen und waschen. Paprika klein würfeln und Lauch in feine Ringe schneiden. Möhre schälen und in Streifen schneiden. Bambussprossen und Ananas abtropfen lassen.
2. Öl in einem Wok erhitzen und die Bambussprossen, Paprika, Lauch, Möhre und Ananas 2 Minuten darin anbraten. Gemüse am Rand des Woks etwas hochschieben. Braunen Zucker, Speisestärke, Weinessig, Tomatenmark und Ananassaft in die Mitte des Woks geben und verrühren.
3. Knoblauch schälen und in den Wok pressen. Gemüse untermischen und alles 2 Minuten köcheln lassen.
4. Den Reis nach Packungsangabe kochen.
5. Für den Teig Mehl, Speisestärke, Backpulver, 1 EL Sonnenblumenöl und Wasser in einer Schüssel zu einem glatten Teig verrühren. Hähnchenbrust in mundgerechte Stücke schneiden und mit Salz und Pfeffer würzen.
6. In Wok oder Pfanne das restliche Öl erhitzen.

7. Die Hühnerstücke in den Teig tauchen und dann im heißen Öl in 8–10 Minuten goldbraun frittieren und auf einem Küchenpapier etwas abtropfen lassen. Zusammen mit dem Reis und der Soße servieren.

8. Reis in ein Sieb abgießen und mit dem Hühnchen und der Soße servieren.

Gebratene Nudeln mit Gemüse

ZUTATEN

FÜR 2 PORTIONEN

250 g chinesische Nudeln
2 Möhren
1 Stange Lauch
200 g TK-Brokkoli (oder frischer Brokkoli)
2 EL Pflanzenöl
1 Knoblauchzehe
5 g frischer Ingwer
1 TL flüssiger Honig
½ TL Pfeffer
1 TL gemahlener Koriander
1 TL Speisestärke
5 EL Sojasoße
2 EL Teriyakisoße

1. Nudeln in eine große Schüssel geben und mit kochendem Wasser übergießen, sodass die Nudeln vollständig damit bedeckt sind. Kurz umrühren und abgedeckt ca. 10 Minuten ziehen lassen.
2. Möhren schälen und in Scheiben schneiden. Lauch putzen, waschen und in feine Ringe schneiden. Brokkoli auftauen lassen bzw. den frischen Brokkoli in kleine Röschen teilen und waschen. Öl in einer Pfanne oder einem Wok erhitzen und das Gemüse darin 10 Minuten braten.
3. In der Zwischenzeit Knoblauch und Ingwer schälen, den Knoblauch pressen und den Ingwer reiben. Beides mit Honig, Pfeffer, Koriander, Speisestärke, Soja- und Teriyakisoße sowie 3 EL Wasser in einen Mixer geben und mixen.
   Soße zum Gemüse geben und kurz aufkochen lassen.
4. Nudeln in einem Sieb abtropfen lassen, in die Pfanne geben, untermischen und 5 Minuten mitgaren.

Mirandas New-York-Style-Pizza

In der 10. Episode der Staffel 2 sieht man Miranda mit Steve auf einer Parkbank sitzen und ein großes Stück Pizza essen. Ich musste mich dann sofort auf die Suche nach einer Pizza im NY-Style machen. Gefunden!

ZUTATEN

FÜR 4 STÜCK

800 g Mehl plus mehr für die Arbeitsfläche
½ Pck. Trockenhefe
15 g Salz
8 g Zucker
500 ml lauwarmes Wasser
1 TL Olivenöl plus mehr zum Einfetten

1. Mehl, Trockenhefe, Salz und Zucker in einer Schüssel vermischen. Wasser dazugießen und alles mit dem Handrührgerät zu einem Teig verrühren.
2. Olivenöl zugeben und 5 Minuten durchkneten.
3. Teig in 4 Stücke teilen und jeweils 1 Kugel daraus formen. Jede Kugel in ein leicht mit Olivenöl eingeriebenes Stück Klarsichtfolie wickeln und über Nacht im Kühlschrank gehen lassen.
4. Am nächsten Tag 1 Stunde vor Zubereitung den Teig aus dem Kühlschrank nehmen.
5. Backofen auf 280 °C Ober-/Unterhitze vorheizen.
6. Teig auf einer bemehlten Arbeitsfläche mit dem Teigroller rund ausrollen und nach Lust und Laune belegen. Pizzen auf mit Backpapier belegte Bleche legen und im Ofen 6–8 Minuten backen.

Szechuan

Es hätte nun wirklich romantischer sein können. Nach dem ersten Sex mit Mr. Big wäre eine Kuschelrunde angesagt gewesen. Mr. Big fragt Carrie aber einfach nur, ob sie Lust auf Szechuan hat. Und wenige Minuten später sitzen die beiden schon beim Chinesen. Guter Sex und fettiger Chinese.

ZUTATEN

FÜR 4 PORTIONEN

500 g mageres Rindfleisch
4 EL Sojasoße
3 EL Reiswein
1 EL Sesamöl
1 TL Zucker
½ TL gemahlener Szechuan-Pfeffer
100 g Möhren
1 Stange Staudensellerie
60 g Brokkoli
1 rote Chilischote
1 Knoblauchzehe
1½ cm frischer Ingwer
250 g Reis oder chinesische Eiernudeln
120 ml Sonnenblumenöl
Salz
Pfeffer

1. Das Rindfleisch waschen, mit Küchenpapier trocken tupfen und in dünne Streifen schneiden.
2. Aus 2 EL Sojasoße, 1 EL Reiswein, Sesamöl, Zucker und Szechuan-Pfeffer in einer Schüssel eine Marinade anrühren. Das Fleisch in die Schüssel geben und gut mit der Marinade überziehen. Im Kühlschrank zugedeckt mindestens 1 Stunde ziehen lassen.
3. Möhren schälen und in feine Stifte schneiden. Sellerie waschen und in feine Scheiben schneiden. Brokkoli in Röschen teilen und waschen. Die Chilischote putzen, waschen und in feine Streifen schneiden. Knoblauch und Ingwer schälen und fein hacken.
4. Reis oder chinesische Eiernudeln nach Packungsangabe zubereiten.
5. 100 ml Öl im Wok oder in einer Pfanne erhitzen. Das marinierte Fleisch etwas abtropfen lassen und im Öl frittieren. Anschließend herausnehmen und auf einem Küchenpapier abtropfen lassen. Wok oder Pfanne mit Küchenpapier säubern und das restliche Öl darin erhitzen.
6. Knoblauch und Ingwer kurz darin anbraten. Möhren, Sellerie und Brokkoli hinzufügen und unter ständigem Rühren 5 Minuten garen. Rindfleisch zugeben.
7. Restliche Sojasoße und Reiswein unterrühren. Mit Salz und Pfeffer würzen. Vor dem Servieren mit den Chilistreifen bestreuen.
8. Reis oder chinesische Eiernudeln dazu reichen.

Spinatomelette

Carrie hat zwar den Grundsatz, niemals mit Männern zu schlafen, die sie erst seit einem Tag kennt, aber bei dem Pariser Architekten Gilles macht sie eine Ausnahme. Sie verbringen die Nacht in Gilles' Hotelzimmer. Er reist am nächsten Morgen nach Brasilien, bittet Carrie aber, noch zu bleiben und auf seine Kosten im Hotel zu frühstücken. Sie staunt nicht schlecht, als er einen Briefumschlag mit 1000 Dollar zurücklässt. Daraufhin lädt sie ihre Freundinnen ins Hotel ein. Sie bestellen Eggs Benedict und ein unglaublich tolles Spinatomelette.

ZUTATEN

FÜR 2 STÜCK

8 Eier
50 g Sahne
1 Prise Meersalz
1 Prise Pfeffer
100 g frischer Spinat
1 Frühlingszwiebel
2 EL Olivenöl
50 g geriebener Gouda

1. Die Eier in eine Schüssel aufschlagen, Sahne zugeben und alles mit dem Schneebesen verquirlen. Mit Meersalz und Pfeffer würzen.
2. Spinat waschen und gut abtropfen lassen.
3. Frühlingszwiebel putzen, waschen und in feine Ringe schneiden.
4. Die Hälfte des Öls in einer Pfanne erhitzen und die Hälfte der Eimasse hineingießen. Wenn das Ei zu stocken beginnt, das Omelette wenden.
5. Jeweils die Hälfte des Spinats, des Goudas und der Frühlingszwiebel auf das Omelette geben und erhitzen. Wenn der Käse geschmolzen ist, das Omelette zusammenklappen und servieren.
6. Das zweite Omelett in der gleichen Weise zubereiten.

NY-Cheesecake

Nick Waxler ist ein Modelizer, also ein Mann, der fast nur Models datet. Seine Freunde drängen ihn, es mal mit einem Nicht-Model zu versuchen, um auch mal an den geselligen Abenden mit Freunden eine vernünftige Konversation führen zu können. Miranda weiß davon erst einmal nichts. Eins steht immer auf dem Tisch, wenn Nick seinen Freunden die neue Eroberung vorstellt: ein Cheesecake mit Erdbeeren.

ZUTATEN

FÜR 8–12 STÜCK (SPRINGFORM ∅ 26 CM)

Für den Boden:
- 100 g Butter
- 200 g Kekse (Vollkorn-Butterkekse oder Butterkekse)
- 1 Prise gemahlener Zimt

Für die Füllung:
- 800 g Frischkäse
- 200 g Zucker
- 1 Pck. Vanillezucker
- 1 TL Vanilleextrakt
- 1 TL Zitronenabrieb
- 200 g Crème fraîche
- 2 EL Mehl
- 4 Eier
- 12 Erdbeeren zum Garnieren

1. Backofen auf 175 °C Ober-/Unterhitze vorheizen und den Boden einer Springform mit Backpapier auslegen.
2. Für den Boden die Butter in einem Topf schmelzen. Die Kekse in einem Mixer zerkleinern und beides in einer Schüssel mit dem Zimt vermengen. Die Keks-Butter-Masse auf dem Boden der Springform verteilen und fest andrücken.
3. 15 Minuten im Ofen backen, dann abkühlen lassen.
4. Frischkäse mit Zucker, Vanillezucker, Vanilleextrakt, Zitronenabrieb und Crème fraîche in eine Schüssel geben und mit dem Handrührgerät verrühren. Mehl dazusieben und unterrühren.
5. Die Eier nach und nach langsam unterrühren, sodass wenig Luft in den Teig kommt. Füllung in die Springform geben und bei 170 °C Umluft 45 Minuten im Ofen backen. Dabei eine kleine Auflaufform mit Wasser auf den Boden des Backofens stellen.
6. Sollte der Cheesecake zu dunkel werden, einfach bis zum Ende der Backzeit mit Alufolie abdecken.
7. Kuchen abkühlen lassen, Erdbeeren waschen und entstielen. Vor dem Servieren den Cheesecake mit Erdbeeren garnieren.

Tiramisu

Das Mittagessen mit Carries Lieblingsehepaar David und Lisa endet mit einem Verkupplungsversuch mit deren Freund Sean. Zwei Espressi und ein Tiramisu später verabreden die beiden sich schon für das zweite Date. Leider wird am Ende keine feste Beziehung daraus, aber das Tiramisu geht Carrie sicher nicht mehr aus dem Kopf.

ZUTATEN

FÜR 4 PORTIONEN

250 g Mascarpone
300 g Sahne
2 TL Vanilleextrakt
4 TL Puderzucker
3 EL Espresso
3 EL Amaretto
12 Löffelbiskuits
50 g Zartbitterschokolade

1. Mascarpone und 50 g Sahne in eine Schüssel geben und mit dem Handrührgerät verrühren.
2. Die restliche Sahne in einer zweiten Schüssel steif schlagen.
3. Vanilleextrakt, Puderzucker und Sahne unter die Mascarponecreme rühren.
4. Espresso in einer Schale mit dem Amaretto vermischen. 6 Löffelbiskuits durchbrechen, in die Espressomischung tauchen und als Boden auf 4 Gläser verteilen. Die Hälfte der Mascarponecreme daraufgeben.
5. Zartbitterschokolade fein raspeln und die Hälfte auf die Gläser verteilen. Restliche Löffelbiskuits in der Mitte durchbrechen, in die Espressomischung tauchen und auf die Creme in den Gläsern geben. Restliche Creme darauf verteilen.
6. Tiramisu mindestens 2 Stunden im Kühlschrank ziehen lassen. Vor dem Servieren mit der restlichen Schokolade bestreuen.

Vanille-Cupcakes mit rosa Frosting

Diese Szene kennt jeder *SATC*-Fan: Miranda und Carrie sitzen auf einer Bank vor der Magnolia Bakery und verspeisen einen Cupcake, während über Beziehungsprobleme diskutiert wird. Diese 20-Sekunden-Szene machte die Bäckerei weltberühmt und der Cupcake wurde zum Trend.

ZUTATEN

FÜR 12 STÜCK

Für den Teig:
2 Eier
1 Prise Salz
150 g Zucker
150 ml Buttermilch
120 ml Speiseöl
Mark 1 Vanilleschote
160 g Mehl
½ TL Backpulver
½ TL Natron
Für das Topping:
250 ml Milch
1 Msp. Vanilleextrakt
1 Pck. Vanillepuddingpulver
50 g Zucker
1 Eigelb
250 g zimmerwarme Butter
Pinke Lebensmittelfarbe

1. Backofen auf 160 °C Umluft vorheizen und eine Muffinform mit Papierförmchen auslegen.
2. Für den Teig Eier, Salz, Zucker und Buttermilch in einer Schüssel mit dem Handrührgerät aufschlagen. Speiseöl und Vanillemark zugeben und verrühren.
3. Mehl in einer Schüssel mit Backpulver und Natron vermengen, zur Eiermischung geben und unterrühren. Teig in die Muffinförmchen füllen.
4. Form in den Ofen stellen und Muffins in 15–20 Minuten goldbraun backen. Herausnehmen und abkühlen lassen.
5. In der Zwischenzeit das Topping zubereiten. Dazu 200 ml der Milch mit dem Vanilleextrakt in einem Topf erwärmen.
6. In einer kleinen Schüssel das Puddingpulver mit Zucker, Eigelb und der restlichen Milch verrühren.
7. Milch aufkochen lassen und die Puddingpulvermasse einrühren und unter Rühren 1 Minute köcheln lassen. Topf vom Herd nehmen, mit Folie abdecken und Masse abkühlen lassen.
8. Pudding umrühren und die Butter nach und nach unterrühren. Pinke Lebensmittelfarbe dazugeben.
9. Buttercreme auf die Cupcakes streichen oder in einen Spritzbeutel mit Sterntülle füllen und aufspritzen.

TIPP:
Pudding und Butter müssen unbedingt die gleiche Temperatur haben. Falls die Buttercreme gerinnt, 3 Esslöffel der geronnenen Masse in der Mikrowelle leicht erwärmen und wieder einrühren.

Frozen Tasti

Charlotte liebt das »Eis« von Tasti D-Lite wegen der wenigen Kalorien. Eigentlich ist es aber gar kein richtiges Eis, sondern eher ein gefrorenes Tiefkühldessert auf Milchbasis. Auch kein Frozen Joghurt, denn es enthält keine Joghurtkulturen. Damit ihr es einmal ausprobieren könnt, habe ich hier ein Rezept für euch.

ZUTATEN

FÜR 1 PORTION

2 reife Bananen
¼ TL Pfefferminzextrakt
100 g Kokosmus
3 TL Kakaonibs

1. Die Bananen schälen, in Scheiben schneiden und über Nacht im Tiefkühler einfrieren.
2. Gefrorene Bananen am nächsten Tag mit dem Pfefferminzextrakt und dem Kokosmus in einen Mixer geben und pürieren. Kakaonibs unterheben und servieren.

Schokoladeneis

Carrie liebt Eis und isst es am liebsten im Jogginganzug. Und so sieht man sie auch oft auf ihrem Bett: einen großen Becher Schokoladeneis in der Hand und ringsherum Laptop und Fast-Food-Schachteln. Ein ganz besonderes Homeoffice à la Carrie.

ZUTATEN

FÜR 800 ML

200 g Zartbitterschokolade
500 ml Milch
1 TL Vanilleextrakt
2 Eier
250 g Zucker
300 g Sahne

1. Schokolade grob hacken, mit 200 ml Milch und der Vanille in eine Schüssel geben und im heißen Wasserbad schmelzen. Masse abkühlen lassen.
2. Eier und Zucker in eine Schüssel geben und mit dem Handrührgerät schaumig rühren. Restliche Milch und Sahne zugeben und verrühren. Schokoladenmasse unterrühren und Mischung 30 Minuten in den Kühlschrank stellen.
3. Danach in eine Eismaschine füllen und gefrieren lassen.

OPTIONAL:
Schokoladen-, Keks- oder Browniestücke vor dem Gefrieren unter das Eis heben.

Cosmopolitan

Auch der Cosmopolitan erlangte durch *Sex and the City* neue Berühmtheit. Auf einmal bestellen in allen Bars Menschen wieder den eigentlich schon etwas angestaubten Cocktail. Meine Lieblings-Cosmopolitan-Szene ist der 50. Geburtstag von Samantha, den sie nur im Kreise ihrer Freundinnen und einiger Cosmopolitans feiert.

ZUTATEN

FÜR 4 PORTIONEN

1 Limette
80 ml Wodka
120 ml Cranberrysaft
80 ml Limettensaft
8 Eiswürfel
20 ml Cointreau

1. Limette waschen und 4 Scheiben abschneiden.
2. Wodka, Cranberrysaft, Limettensaft, Eiswürfel und Cointreau in einen Cocktailshaker geben und einige Sekunden gut durchschütteln.
3. Durch ein Sieb in 4 Gläser gießen und jeweils mit 1 Limettenscheibe garnieren.

Margarita

Carrie unternimmt den Versuch, Miranda mit Skipper zu verkuppeln, der schon sehr lange keine Beziehung mehr hatte. Die beiden treffen sich in einer Bar und bestellen erst einmal Margaritas, um das Eis zu brechen. Vielleicht hatte Miranda auch eine Margarita zu viel, denn obwohl der Abend nicht so angenehm verläuft, hat sie Sex mit ihm.

ZUTATEN

FÜR 1 PORTION

Etwas Limettensaft zum Befeuchten des Glases
Salz
3 TL Crushed Ice
20 ml Limettensaft
10 ml Orangenlikör
30 ml Tequila
1 Limettenscheibe zum Garnieren

1. Eine Cocktailschale vor der Zubereitung gut kühlen (Tipp: für ein paar Minuten ins Gefrierfach stellen).
2. Das Glas am Rand mit etwas Limettensaft befeuchten und dann sofort in eine Schale mit Salz drücken, sodass oben ein feiner Salzrand entsteht.
3. Den Cocktailshaker mit Crushed Ice füllen. Limettensaft, Orangenlikör und Tequila dazugeben und kräftig schütteln.
4. Den Drink in die Cocktailschale gießen, mit einer Limettenscheibe garnieren und sofort servieren.

ENJOY!
BURGERS
ENJOY!

STAUB

RIVERDALE

Hotdogs aus dem Drive-in

»Hotdogs sind alle« ist ein Satz, den Kevin nicht gern hört, wenn er für sich einen im Drive-in bestellt hat. Aber der Frust dauert nicht lange, denn Joaquin DeSantos wartet bereits auf ihn und der folgende Kuss ist »hotter« als der leckerste Hotdog aus dem Drive-in.

ZUTATEN

FÜR 8 STÜCK

- 8 Brühwürstchen (zum Beispiel Frankfurter oder Wiener)
- 8 Hotdog-Brötchen (siehe S. 33)
- 150 g Sellerie-Möhren-Salat (siehe S. 34)
- 50 g Röstzwiebeln (siehe S. 34)
- 100 ml Senfsoße (siehe S. 34)

1. Wasser in einem Topf aufkochen lassen, vom Herd nehmen, die Brühwürstchen ins Wasser geben und den Deckel nicht ganz schließen. Würstchen in 10 Minuten heiß werden lassen.

2. Hotdog-Brötchen auf einem Toaster oder im Backofen erwärmen, einmal längs einschneiden und aufklappen. Jedes Brötchen mit Sellerie-Möhren Salat und je 1 Würstchen füllen. Röstzwiebeln und Senfsoße darauf verteilen

Wenn du außer den Würstchen alle Zutaten selbst machen willst, dann kann ich dir diese Rezepte empfehlen:

Hotdog-Brötchen

ZUTATEN

FÜR 8 STÜCK

2 Eier
300 g Mehl Type 405 plus mehr für die Arbeitsfläche
150 g Mehl Type 550
4 g Salz
170 ml lauwarmes Wasser
50 ml lauwarme Milch
45 g Zucker
18 g frische Hefe
25 g geschmolzene Butter
Etwas Öl für die Schüssel

1. Ein Ei trennen und das Eiweiß mit dem Handrührgerät in einer Schüssel mit 20 ml kaltem Wasser verquirlen und zur Seite stellen. Das Eigelb mit dem anderen Ei in eine Schüssel geben und verquirlen.
2. Mehl und Salz in einer Schüssel vermengen.
3. Lauwarmes Wasser mit der Milch in eine Schüssel geben, Zucker und Hefe zugeben und verrühren. Wassergemisch zur Mehlmischung geben und verkneten. Eigelbmischung mit der Butter zugeben und 10 Minuten unterkneten. Teig in eine leicht geölte Schüssel legen und abgedeckt 90 Minuten gehen lassen.
4. Teig in 8 Stücke teilen und diese in Form von Hotdog-Brötchen rollen. Dazu am besten die Teiglinge auf der bemehlten Arbeitsfläche ca. 13 x 7 cm groß ausrollen, dann von der langen Seite aufrollen und die Enden etwas umschlagen. Je 4 Teiglinge auf ein mit Backpapier belegtes Backblech legen und zugedeckt nochmals 60 Minuten ruhen lassen.
5. Backofen auf 190 °C Ober-/Unterhitze vorheizen.
6. Die Brötchen mit der Eiweiß-Wasser-Mischung einpinseln und im Ofen in 15 Minuten goldbraun backen.
7. Auf einem Kuchengitter abkühlen lassen.

Sellerie-Möhren-Salat

ZUTATEN

FÜR 150 G

150 g Knollensellerie
1 kleine Möhre
1 EL Zitronensaft
3 EL Mayonnaise
2 EL Crème fraîche
1 Prise Salz

1. Sellerie und Möhre schälen und in feine Stifte schneiden.
2. Stifte in einer Schüssel mit Zitronensaft, Mayonnaise und Crème fraîche vermengen und mit Salz abschmecken.

Röstzwiebeln

ZUTATEN

FÜR 50 G

2 Zwiebeln
3 EL Mehl
1 EL edelsüßes Paprikapulver
200 ml Pflanzenöl

1. Zwiebeln schälen und in 3 mm dicke Ringe schneiden.
2. Mehl auf einem Teller mit dem Paprikapulver vermengen und die Zwiebelringe darin wenden.
3. Öl in einer Pfanne erhitzen und die Zwiebeln darin portionsweise frittieren, herausnehmen und auf Küchenpapier abtropfen lassen.

Senfsoße

ZUTATEN

FÜR 100 ML

½ Bund Dill
50 g grober Senf
50 g flüssiger Honig
1 EL Olivenöl
1 Prise Salz

1. Dill waschen, trocken schütteln und fein hacken.
2. Senf, Honig und Olivenöl in einer Schüssel gut verrühren und den Dill unterheben. Mit Salz abschmecken.

Jugs Lieblingsburger aus »Pop's Chock'lit Shoppe«

Jug kann noch so wütend sein wegen der Schließung des Twilight Drive-in, der Burger scheint ihm aber trotzdem zu schmecken.

ZUTATEN

FÜR 4 STÜCK

Für die Patties:
600 g Rinderhackfleisch
1 Prise Salz
1 Prise schwarzer Pfeffer
1 TL Sojasoße

Für die karamellisierten Zwiebeln:
2 große Zwiebeln
3 EL Zucker
100 ml Balsamicoessig

Für die Soße:
1 kleine Chilischote
1 Bio-Limette
4 EL Mayonnaise
2 TL Tomatenmark
1 TL mittelscharfer Senf
½ TL Meersalz

Für den Burger:
80 g Bacon (Frühstücksspeck)
1 große Tomate
4 Salatblätter
4 Burger Buns
4 Scheiben Sandwichgurken

1. Für die Patties Rinderhackfleisch mit Salz, Pfeffer und Sojasoße in eine Schüssel geben, gut durchkneten und 4 Patties daraus formen.
2. Die Zwiebeln schälen und in feine Ringe schneiden. Zucker in einem Topf erhitzen, bis dieser schmilzt und karamellisiert. Zwiebeln zugeben, kurz anschwitzen und mit dem Balsamicoessig ablöschen. Weitere 5 Minuten köcheln lassen, Topf vom Herd nehmen und Zwiebeln abkühlen lassen.
3. Für die Soße die Chilischote putzen, waschen und in feine Streifen schneiden.
4. Limette heiß abwaschen, die Schale abreiben und den Saft auspressen. Beides mit Mayonnaise, Tomatenmark, Senf, Chilistreifen und Salz in einer Schüssel verrühren.
5. Patties 6–10 Minuten beidseitig auf dem Grill oder in einer Pfanne braten. Bacon in einer beschichteten Pfanne ohne Zugabe von Öl von beiden Seiten kross braten.
6. Die Tomate waschen, den Stielansatz entfernen und das Fruchtfleisch in Scheiben schneiden. Die Salatblätter waschen und trocken schütteln.
7. Die Burger Buns aufschneiden und jeweils die Unterseiten mit etwas Soße bestreichen. Je 1 Salatblatt, 1 Patty, 2 Tomatenscheiben, karamellisierte Zwiebeln, 1 Gurkenscheibe und Bacon darauflegen. Dann noch etwas Burgersoße darüber verteilen. Die Brötchenoberseite als Deckel auflegen und Burger servieren.

ENJOY!
BURGERS
ENJOY!
BURGERS
BURGERS
ENJOY!
BURGERS

Wer die Burger Buns selbst machen möchte, der kann dieses Rezept nehmen:

Burger Buns

ZUTATEN

FÜR 8 STÜCK

250 g Weizenmehl
250 g Roggenmehl
½ TL Salz
250 ml + 2 EL Milch
30 g frische Hefe
2 EL Zucker
3 Eier
50 g Butter
2 EL Sesam
1 TL Weizenkleie

1. Beide Mehlsorten und das Salz in einer Schüssel vermischen.
2. 250 ml Milch in einem Topf lauwarm erwärmen, dann den Topf vom Herd nehmen und die Milch in eine Schüssel gießen. Die Hefe und den Zucker zugeben und so lange rühren, bis die Hefe sich aufgelöst hat.
3. 2 Eier mit dem Handrührgerät unter die Milchmischung rühren.
4. Butter würfeln und unter das Mehl kneten. Hefemischung zugeben und alles 10 Minuten kneten, bis ein elastischer Teig entstanden ist. Teig zu einer Kugel formen und diese abgedeckt an einem warmen Ort 2 Stunden gehen lassen.
5. Teig in 8 Stücke teilen und diese zu Kugeln formen. Teigkugeln auf ein mit Backpapier belegtes Backblech legen und weitere 15 Minuten zugedeckt ruhen lassen.
6. Backofen auf 220 °C Ober-/Unterhitze vorheizen.
7. Die Teiglinge leicht andrücken. Das restliche Ei in einer Tasse mit 2 EL Milch verrühren und die Teiglinge damit bepinseln. Sesam und Weizenkleie darüberstreuen. Buns im Ofen in 15 Minuten goldbraun backen.

Cheeseburger aus »Pop's Chock'lit Shoppe«

Hermione Lodge und ihre Tocher Veronica ziehen, nachdem ihr Mann wegen Betrugs verhaftet wurde, nach Riverdale, wo Hermione aufgewachsen ist. Nach ihrer Ankunft freut sie sich auf einen Cheeseburger aus »Pop's Chock'lit Shoppe«.

ZUTATEN

FÜR 4 STÜCK

1 Zwiebel
500 g Rinderhackfleisch
1 EL Tomatenmark
1 Prise Salz
1 Prise Pfeffer
2 EL Sonnenblumenöl
1 Tomate
4 Scheiben Sandwichgurken
4 Burger Buns
8 Scheiben Käse (zum Beispiel Gouda, Emmentaler)

1. Die Zwiebel schälen, fein würfeln und mit Rinderhackfleisch, Tomatenmark, Salz und Pfeffer in einer Schüssel gut vermengen. Aus der Masse 4 Patties formen.
2. Öl in einer Pfanne erhitzen und die Patties darin beidseitig 8 Minuten braten.
3. Backofen auf 180 °C Ober-/Unterhitze vorheizen.
4. Die Tomate waschen, den Stielansatz entfernen und das Fruchtfleisch in 4 Scheiben schneiden. Die Gurkenscheiben abtropfen lassen.
5. Die Burger Buns aufschneiden. Eine Scheibe Käse auf die Unterseite des Burger Bun legen, gefolgt von dem Burger Patty, einer Scheibe Tomate, einer Scheibe Gurke und einer Scheibe Käse, und im Ofen 5 Minuten backen, bis der Käse geschmolzen ist.
6. Die Oberseiten der Burger Buns auflegen.

TIPP:
Schmeckt auch richtig lecker mit Blauschimmelkäse. Der Cheeseburger kann auch gut mit einem vegetarischen Patty zubereitet werden.

Vegetarische Burger Patties

ZUTATEN

FÜR 4 STÜCK

250 g Kidneybohnen (aus der Dose)
1 Zwiebel
1 Knoblauchzehe
1 Möhre
5 EL Sonnenblumenöl
70 g Haferflocken
1 EL Tomatenmark
1 EL Senf
1 ½ EL Sojasoße
1 EL gehackte Petersilie
Salz
Pfeffer

1. Kidneybohnen in ein Sieb geben, mit Wasser gut durchspülen und abtropfen lassen.
2. Zwiebel und Knoblauch schälen und fein würfeln.
3. Die Möhre putzen, waschen und fein raspeln.
4. 1 EL Öl in einer Pfanne erhitzen und die Zwiebel- und Knoblauchwürfel darin anschwitzen. Möhrenraspel zugeben und unterrühren.
5. Den Pfanneninhalt mit den Kidneybohnen in eine Schüssel geben und 40 g Haferflocken unterheben.
6. Tomatenmark, Senf und Sojasoße ebenfalls einrühren und alles mit einem Pürierstab pürieren. Restliche Haferflocken und Petersilie zugeben und unterkneten. Mit Salz und Pfeffer würzen.
7. Mit feuchten Händen 4 Patties formen. Restliches Öl in einer Pfanne erhitzen und die Patties darin von beiden Seiten je 4 Minuten braten.

Zwiebelringe à la »Pop's Chock'lit Shoppe«

Die frittierten Zwiebelringe sieht man öfter im Diner auf dem Tisch stehen. Mit einem Dip oder zu Salat sind sie wirklich großartig.

ZUTATEN

FÜR 1 PORTION

2 Gemüsezwiebeln
1 Ei
125 ml Milch
100 g Mehl plus mehr zum Bestäuben
Salz
500 ml Sonnenblumen- oder Rapsöl

1. Zwiebeln schälen und in Ringe schneiden.
2. Das Ei trennen und das Eiweiß in einer Schüssel mit dem Handrührgerät steif schlagen.
3. Eigelb, Milch und Mehl in einer Schüssel zu einem Teig verrühren und mit Salz würzen.
4. Den Eischnee langsam unterheben.
5. Öl in einem Topf erhitzen.
6. Zwiebelringe mit Mehl bestäuben, dann in den Teig tauchen und im heißen Öl goldbraun frittieren.

Marinierter Schinken mit Ahornsirup

Ein sehr seltsames Abendessen, das Veronica Lodge bei den Blossoms über sich ergehen lassen musste. Denn gereicht wurde mit Ahornsirup marinierter Schinken.

ZUTATEN

FÜR 6 PORTIONEN

1 ½ kg Schweinerücken (ausgelöst)
Salz
Frisch gemahlener Pfeffer
3 Orangen
2 Knoblauchzehen
1 Zweig Rosmarin
2 TL scharfer Senf
3 EL Olivenöl
3 EL Ahornsirup
250 ml Sherry
200 g entsteinte schwarze Oliven
100 g Sahne

1. Das Fleisch abspülen und mit Küchenpapier trocken tupfen, dann mit Salz und Pfeffer einreiben und in einen Gefrierbeutel geben.
2. 2 Orangen auspressen, den Knoblauch schälen und in dünne Scheiben schneiden. Den Rosmarin waschen und trocken schütteln.
3. Orangensaft, Senf, Rosmarin und Knoblauchscheiben in einer Schüssel vermengen und zum Fleisch in den Gefrierbeutel füllen. Beutel verschließen und Fleisch über Nacht im Kühlschrank ziehen lassen.
4. Am nächsten Tag Fleisch herausnehmen, mit Küchenpapier trocken tupfen und die Marinade in einer Schüssel auffangen.
5. Olivenöl in einem Bräter erhitzen und das Fleisch darin rundherum braun anbraten. Sirup auf das Fleisch pinseln. Marinade durch ein Sieb in den Bräter gießen. Den Bräter mit einem Deckel verschließen und das Fleisch bei mittlerer Hitze 1 ½ Stunden schmoren lassen. Zwischendurch nach und nach ⅔ des Sherrys angießen.
6. Die restliche Orange heiß abspülen und in Scheiben schneiden. Mit den Oliven in den Bräter geben und 10 Minuten zugedeckt weiterschmoren lassen.
7. Braten aus dem Sud heben und in Alufolie einwickeln. Restlichen Sherry und Sahne in den Bratensud gießen und mit Pfeffer abschmecken.
8. Fleisch in Scheiben schneiden und zusammen mit den Orangenscheiben und Oliven auf einer Platte anrichten. Mit etwas Soße servieren.

TIPP:
Die Soße ist dünnflüssig. Wer sie etwas sämiger mag, kann sie mit etwas Speisestärke andicken.

Truthahn auf Roggenbrot »to go«

Fred Andrews braucht das Diner nur zu betreten und schon steht fertig verpackt sein Truthahn auf dem Tresen. Hermione kennt ihren »Lieblingskunden« eben sehr genau.

ZUTATEN

FÜR 4 STÜCK

100 g TK-Erbsen
4 EL Sonnenblumenkerne
6 TL Mayonnaise
6 TL Tomatenketchup
2 TL Tafel-Meerrettich
Salz
Pfeffer
1 Apfel
4 Frühlingszwiebeln
½ Bund Schnittlauch
½ Salatkopf (nach Wahl)
8 Scheiben Roggenbrot
400 g Truthahnbrust in Scheiben

1. Erbsen ca. 3 Minuten in einem Topf mit kochendem Salzwasser blanchieren, durch ein Sieb abseihen und abkühlen lassen.
2. Sonnenblumenkerne in einer Pfanne ohne Fettzugabe rösten.
3. Mayonnaise, Ketchup und Meerrettich in einer Schüssel zu einer Creme verrühren und mit etwas Salz und Pfeffer würzen.
4. Den Apfel schälen, entkernen und in kleine Würfel schneiden. Die Frühlingszwiebeln putzen, waschen und in feine Ringe schneiden. Schnittlauch waschen, trocken schütteln und in feine Röllchen schneiden. Salat waschen und trocken schütteln, Blätter eventuell etwas kleiner reißen.
5. Apfelwürfel, Zwiebelringe, Erbsen, Sonnenblumenkerne und Schnittlauch unter die Mayonnaise rühren.
6. 4 Brotscheiben mit der Hälfte der Salatblätter und der Gemüse-Mayonnaise-Mischung belegen. Truthahnscheiben darauf verteilen und den restlichen Salat obenauf geben. Die restlichen 4 Brotscheiben darauflegen.

Mrs. Lodges Quiche Lorraine

Ein tolles Kompliment, wenn jemand dein Essen so lobt wie Kevin die Quiche Lorraine von Mrs. Lodge: zum Sterben gut.

ZUTATEN

FÜR 4–6 STÜCK (SPRING- ODER TARTEFORM ⌀ 26 CM)

250 g Mehl plus mehr für die Arbeitsfläche
1 Ei
160 g kalte Butter
1 Prise Salz
10 g Butter zum Braten
100 g Speckwürfel
1 Zwiebel
1 Stange Lauch
4 große Eier
250 g Sahne
1 Prise Pfeffer

1. 250 g Mehl auf die Arbeitsfläche geben, einen Mehlhaufen bilden und eine Mulde in die Mitte drücken. Das Ei in die Mitte geben. Die eiskalte Butter in die Mulde reiben und das Salz zugeben. Alles mit den Händen schnell zu einem Teig verkneten. Teig 30 Minuten kalt stellen.

2. 10 g Butter in einer Pfanne erhitzen und den Speck darin anbraten.

3. Zwiebel schälen und würfeln. Lauch putzen, gründlich waschen und in feine Ringe schneiden. Beides in die Pfanne geben, unterrühren und 5 Minuten braten.

4. Backofen auf 180 °C Ober-/Unterhitze vorheizen.

5. Den Mürbeteig auf einer bemehlten Arbeitsfläche mit dem Teigroller ausrollen. Den Boden und die Seiten einer Spring- oder Tarteform damit auskleiden.

6. Eier und Sahne in einer Schüssel verrühren und mit Pfeffer würzen. Speck, Lauch und Zwiebeln untermischen. Die Mischung auf den Teig geben und die Quiche 35 Minuten im Ofen backen.

Alice Coopers Kirsch-Pie

Der Kirschkuchen, den Alice Cooper Archie und Betty serviert, sieht einfach fantastisch aus. Ich musste mehrmals hin und her spulen, um mich daran sattzusehen.

ZUTATEN

FÜR 12 STÜCK (TARTEFORM ∅ 26 CM)

230 g kalte Butter plus mehr zum Einfetten
350 g Mehl plus mehr für die Arbeitsfläche
200 g Zucker
3 TL Salz
80 ml Eiswasser
1 Bio-Zitrone
5 EL Speisestärke
1 ½ kg entkernte Sauerkirschen
1 Ei
50 g Rohrzucker

1. Die Butter würfeln.
2. Mehl, 100 g Zucker und 1 TL Salz in einer Schüssel vermengen. Butterwürfel zugeben und alles mit den Händen verkneten, bis sich Streusel bilden. Eine Mulde in die Mitte des Teigs geben und nach und nach das Eiswasser hineingießen. Das Eiswasser mit den Händen in den Teig einarbeiten.
3. Arbeitsfläche leicht bemehlen, den Teig darauf zu einer Kugel formen und in 2 Hälften teilen. Jede Hälfte in Frischhaltefolie wickeln und im Kühlschrank 1 Stunde kühl stellen.
4. Zitrone heiß waschen, abtrocknen und die Schale fein abreiben.
5. Für die Füllung den restlichen Zucker mit der Zitronenschale in einer großen Schüssel verrühren. Speisestärke und das restliche Salz unterrühren, Sauerkirschen dazugeben und vermengen.
6. Backofen auf 190 °C Ober-/Unterhitze vorheizen und die Pieform etwas einfetten.
7. Teig aus dem Kühlschrank nehmen und einige Minuten bei Zimmertemperatur ruhen lassen.
8. Arbeitsfläche leicht bemehlen und eine Teighälfte mit dem Teigroller zu einem 5 mm dicken Kreis ausrollen. Den ausgerollten Teig vorsichtig in die Pieform legen, dabei den überstehenden Teig über den Rand der Form hängen lassen. Sauerkirschfüllung auf den Boden geben.

9. Die zweite Teighälfte ebenfalls kreisförmig ausrollen und in 2 cm breite Streifen schneiden. Mit den Teigstreifen ein Gitter über die Füllung legen und die überstehenden Teigstreifen mit dem Teigrand zu einem dicken Rand formen.

10. Das Ei in einer Tasse verquirlen und das Teiggitter damit einpinseln. Rohrzucker darüberstreuen.

11. Pie im Ofen 1 Stunde backen. Vor dem Servieren auskühlen lassen.

TIPP:
Du kannst auch TK-Sauerkirschen nehmen. Lass die aber vorher auftauen und in einem Sieb gut abtropfen.

Pfirsichkuchen

Ein Dinner mit Alice Smith, Hal Cooper, Betty, Jughead und FP Jones? Das kann nur in einem großen Krach enden. Betty zumindest hat die Nase voll, verzichtet lauthals auf den Pfirsichkuchen und beendet damit das Essen.

ZUTATEN

FÜR 12 STÜCK (SPRINGFORM ∅ 26 CM)

820 g Pfirsiche (aus der Dose)
125 g Butter
125 g Zucker
1 Prise Salz
3 Eier
200 g Mehl
1 Pck. Backpulver
Abgeriebene Schale 1 Bio-Zitrone
Puderzucker zum Bestäuben

1. Den Backofen auf 180 °C Ober-/Unterhitze vorheizen und eine Springform mit Backpapier auslegen.
2. Die Pfirsiche aus der Dose nehmen und in einem Sieb abtropfen lassen. Dann in Spalten schneiden.
3. Butter, Zucker, Salz und Eier in einer Schüssel mit dem Handrührgerät 5 Minuten schaumig schlagen.
4. Mehl, Backpulver und Zitronenschale in einer weiteren Schüssel gut mischen und dann unter den Teig heben.
5. Teig in die Form füllen und glatt streichen. Pfirsichscheiben darauf verteilen.
6. Kuchen 45 Minuten im Ofen backen, dann herausnehmen und abkühlen lassen. Vor dem Servieren mit Puderzucker bestreuen.

Frühstück bei den Blossoms

Am Tag, als die Zeitungen den Mörder von Jason bekannt gaben, saßen die Blossoms am reich gedeckten Frühstückstisch. Ich hatte nur Augen für die knusprigen Waffeln und den tollen Obstsalat auf dem Tisch.

Waffeln

ZUTATEN

FÜR 6–9 STÜCK (JE NACH GRÖSSE DES WAFFELEISENS)

350 g Mehl
½ Pck. Backpulver
200 g Margarine
160 g Zucker
3 Eier
1 Pck. Vanillezucker
250 ml Wasser
Etwas Sonnenblumenöl oder Butter zum Backen

1. Mehl in einer Schüssel mit dem Backpulver vermengen.
2. Die restlichen Zutaten außer dem Öl in einer zweiten Schüssel gut mit dem Handrührgerät vermischen und die Mehlmischung langsam unterrühren.
3. Teig 20 Minuten ruhen lassen.
4. Waffeleisen vorheizen und vor jedem Backvorgang mit etwas Sonnenblumenöl oder Butter einpinseln. Aus dem Teig je nach Größe des Waffeleisens 6–9 Waffeln backen.

TIPP:
Nicht gerade ideal zum Frühstück, aber als Dessert schmeckt der Obstsalat toll, wenn du noch 2–3 EL Rum oder Kokoslikör untermengst.

Obstsalat

ZUTATEN

FÜR 4 PORTIONEN

2 Bananen
2 Kiwis
1 Orange
3 Äpfel
2 Pfirsiche oder Nektarinen
200 g kernlose Weintrauben
8 Erdbeeren
1 EL flüssiger Honig
Saft von 1 Zitrone
50 g gehackte Walnusskerne

1. Bananen, Kiwis und Orange schälen. Bananen und Kiwis in Scheiben schneiden und nach Belieben halbieren. Orangenfruchtfleisch würfeln. Alles in eine Schüssel geben.
2. Äpfel und Pfirsiche waschen, entkernen und würfeln. Ebenfalls in die Schüssel geben.
3. Trauben waschen und dazugeben. Erdbeeren entstielen, waschen, klein schneiden und ebenfalls untermengen. Das Obst vorsichtig vermischen.
4. Honig in einer kleinen Tasse mit dem Zitronensaft verrühren, über den Obstsalat gießen und vorsichtig vermengen. Die Walnüsse unterheben.

Pancakes

Die Blossoms handeln mit Ahornsirup und in Riverdale wird der Blossom-Sirup eimerweise konsumiert. Den Klassiker »Pancakes mit Ahornsirup« bekommen wir daher in der Serie öfter mal zu Gesicht.

ZUTATEN

FÜR 10 STÜCK

160 g Mehl
1 EL Backpulver
2 EL Zucker
1 TL Salz
8 EL Butter
1 Ei
240 ml Milch
2 TL Vanilleextrakt
10 EL Ahornsirup
Frische Früchte (optional)

1. Mehl, Backpulver, Zucker und Salz in eine große Schüssel geben.
2. 4 EL Butter in einem Topf bei milder Hitze schmelzen lassen und in einer zweiten Schüssel mit dem Schneebesen mit dem Ei, der Milch und dem Vanilleextrakt verrühren. Buttermischung zur Mehlmischung geben und gut verrühren.
3. Etwas von der restlichen Butter in einer beschichteten Pfanne erhitzen und pro Pancake 3 EL Teig in die Pfanne geben und von beiden Seiten goldbraun backen. Vorgang wiederholen, bis der Teig aufgebraucht ist.
4. Pancakes mit Ahornsirup und nach Belieben mit frischen Früchten nach Wahl servieren.

TIPP:
Bei mir gehören Pancakes zu einem ausgiebigen Frühstück einfach dazu. Ich backe sie entweder in einem Dessertring in der Pfanne, um immer die gleiche Größe zu erhalten, oder in einem Sandwichmaker mit Pancake-Einsatz.

Popcorn aus dem Autokino

Der Besuch im Autokino ist in Riverdale immer noch ein großer Freizeitspaß. Zumindest für Kevin und Veronica, die es sich mit einer großen Portion Popcorn gemütlich machen. Klar, dass Cheryl Blossom auftaucht und Kevin neues Popcorn holen lässt. Kino ohne Popcorn? Niemals.

ZUTATEN

FÜR 4 GROSSE PORTIONEN

50 ml Sonnenblumenöl
120 g Popcorn-Mais
125 g Butter
Salz
2 TL Honig
125 g brauner Zucker
1 Pck. Vanillezucker

1. Ein Backblech mit Backpapier auslegen.
2. Das Sonnenblumenöl in einem großen Topf bei mittlerer Hitze erwärmen.
3. Die Maiskörner zugeben und den Topf mit einem Deckel verschließen. Nach ein paar Minuten fangen die Körner an aufzuspringen. Den Topf ab und zu rütteln, sodass alle Körner aufspringen. Wenn kein Geräusch mehr zu hören ist, Topf vom Herd nehmen und Deckel abheben. Das fertige Popcorn auf das Backpapier verteilen und gegebenenfalls nicht gepoppte Maiskörner entfernen.
4. In einem Topf Butter, Salz, Honig, Zucker und Vanillezucker unter Rühren zum Kochen bringen, dann unter Rühren 5 Minuten köcheln lassen, bis ein goldbraunes Karamell entstanden ist.
5. Karamell über das Popcorn gießen, mit einem Löffel durchrühren und Popcorn abkühlen lassen – dann genießen!

Erdbeer-Milchshake aus »Pop's Chock'lit Shoppe«

Jug, Kevin, Veronica und Betty sitzen zusammen im »Pop's« und Jug ist unglaublich wütend, dass das Twilight Drive-in schließen muss. Betty scheint etwas abwesend zu sein, denn den wirklich grandios aussehenden Erdbeer-Milchshake rührt sie kaum an.

ZUTATEN

FÜR 1 PORTION

50 g Erdbeeren
50 g Erdbeereis
100 ml Vollmilch
50 g Sahne
1 TL Puderzucker
1 Erdbeere zum Garnieren

1. Erdbeeren putzen, waschen und würfeln. Erdbeerwürfel mit dem Erdbeereis und der Vollmilch in einen Mixer geben und pürieren.
2. Sahne und Puderzucker in eine Schüssel geben und mit dem Handrührgerät steif schlagen.
3. Erdbeermischung in ein Glas füllen, mit Sahne toppen und mit der Erdbeere garnieren.

Vanille-Milchshake

Das war ein großartiger Kuss zwischen Jughead und Betty im Diner, nachdem sie ihm gestanden hat, dass sie manchmal ihre Fingernägel so sehr in ihre Hände drückt, bis sie bluten.
Ich hatte allerdings vor allem Augen für den Mega-Vanille-Milchhake, der vor den beiden stand. Auch wenn ein »einfacher« Vanille-Milchshake schon ganz wunderbar schmeckt, habe ich diesen mit Mandelkrokant und Marzipan noch ein wenig aufgepimpt.

ZUTATEN

FÜR 2 PORTIONEN

2 TL Butter
60 g brauner Zucker
60 g Zucker
80 g Sahne
150 g blanchierte Mandeln
2 Tropfen Bittermandel-aroma
100 g Sahne
250 g Vanilleeis
50 g Marzipanrohmasse
80 ml Milch

1. Butter in einer Pfanne bei mittlerer Hitze schmelzen lassen.
2. Beide Zuckersorten und die Sahne einrühren, bis der Zucker vollständig aufgelöst ist. Mandeln zugeben und aufkochen lassen. Bei mittlerer Hitze garen, bis die Masse eine goldbraune Farbe angenommen hat. Bittermandelaroma unterrühren. Masse auf ein Backpapier verteilen und abkühlen lassen, dann grob hacken.
3. Sahne in eine Schüssel geben und mit dem Handrührgerät steif schlagen.
4. Eiscreme, ²⁄₃ des Mandelkrokants, Marzipan und Milch in einen Mixer geben und grob pürieren. Auf 2 Gläser verteilen. Sahne aufspritzen und mit dem restlichen Krokant bestreuen.

Kirsch-Milchshake

Die schwangere Polly Cooper bekommt einen großen Kirsch-Milchshake von Penelope Blossom gereicht, bevor sie sich für den Homecoming-Ball fertig machen soll. Darin befindet sich ein natürliches Schlafmittel, das Penelope untergemischt hat. Dieser Kirsch-Milchshake sah so lecker aus, dass ich am nächsten Tag sofort einen haben wollte – natürlich ohne Schlafmittel.

ZUTATEN

FÜR 4 PORTIONEN

500 g Vanilleeis
100 g Amarenakirschen (aus dem Glas mit Sirup)
250 ml Milch
250 g Joghurt
250 g Sahne
4 Kirschen zum Garnieren
20 g bunte Streusel

1. Eis, Amarenakirschen und Sirup in einen Mixer geben. Milch und Joghurt dazugeben und alles gut durchmixen.
2. Schlagsahne in einer Schüssel mit dem Handrührgerät steif schlagen und in einen Spritzbeutel mit Sterntülle füllen.
3. Milchshake auf 4 Gläser verteilen. Sahne aufspritzen, jeweils mit 1 Kirsche und Streuseln garnieren und mit Strohhalm servieren.

STAUB
STAUB

FRIENDS

Leckeres aus dem »PhilloSophy«

»PhilloSophy« ist der Name des schicken Restaurants, in das die sechs Freunde in der Episode »Falsch verbunden« zum Abendessen gehen, um Monicas Beförderung zu feiern. Monica und Ross entscheiden sich für Carpaccio und gegrillte Garnelen. Joey möchte gerne die thailändische Pizza mit Hühnchen, ohne Nüsse und Lauch (er hofft, sie dann auch preiswerter zu bekommen), Rachel bestellt sich aus Kostengründen nur einen Beilagensalat und Phoebe eine Gurkensuppe, während Chandler den Curry-Cod-Fisch ordert. Am Ende essen Rachel und Phoebe noch die Grissini auf, die es kostenlos dazu gab.

Thailändische Pizza

ZUTATEN

FÜR 2 PORTIONEN (1 BLECH ODER 2 RUNDE PIZZEN)

½ Würfel frische Hefe (21 g)
1 TL Zucker
150 ml lauwarmes Wasser
250 g Mehl plus mehr für die Arbeitsfläche
½ TL Salz
2 EL Olivenöl
1 Stück frischer Ingwer (3 cm)
2 rote Chilischoten
2 Knoblauchzehen
6 kleine rote Zwiebeln
1 Bio-Limette
400 g gehackte Tomaten (aus der Dose)
250 g Hähnchenbrustfilet
1 TL Sojasoße
1 Bund Koriander

1. Hefe, Zucker und 75 ml lauwarmes Wasser in eine Schüssel geben und verrühren.
2. Mehl in eine große Schüssel geben und in die Mitte eine Mulde drücken. Das Hefewasser hineingießen und mit etwas Mehl verrühren. Vorteig abgedeckt 15 Minuten gehen lassen.
3. Salz, Olivenöl und das restliche Wasser zugeben und alles mit dem Handrührgerät zu einem Teig verkneten. Abgedeckt nochmals 50 Minuten gehen lassen.
4. Ingwer schälen und fein reiben. Chilischoten waschen, putzen und hacken. Knoblauch und Zwiebeln schälen und fein hacken. Limette waschen, abtrocknen, die Schale fein abreiben und die Frucht auspressen.
5. Gehackte Tomaten mit Ingwer, Chili, Knoblauch und Zwiebeln in einen Topf geben, Limettensaft und Limettenschale unterrühren und 5 Minuten köcheln lassen.
6. Hähnchenbrust in kleine Stücke schneiden und in einer Schüssel mit der Sojasoße vermengen.

7. Backofen auf 180 °C Ober-/Unterhitze vorheizen und ein Backblech mit Backpapier auslegen.

8. Den Teig auf einer bemehlten Arbeitsfläche mit dem Teigroller zu einer großen oder zwei runden Pizzen ausrollen. Pizza mit der Tomatensoße bestreichen. Das Fleisch darüberstreuen und die Pizza im Ofen in 10–12 Minuten goldbraun backen.

9. Koriander in der Zwischenzeit waschen, trocken schütteln und grob hacken. Vor dem Servieren auf die Pizza streuen.

TIPP:
Wenn du willst, kannst du vor dem Servieren noch geröstete Erdnüsse über die Pizza streuen.

Gurkensuppe

ZUTATEN

FÜR 4 PORTIONEN

2 Gurken
1 Schalotte
1 Knoblauchzehe
½ Bund frischer Dill
½ Bund frische glatte Petersilie
60 ml Olivenöl
3 TL Zitronensaft
400 g griechischer Joghurt
Salz
Pfeffer
Etwas Kresse und Radieschensprossen zum Garnieren

1. Gurken putzen, waschen und etwas zerkleinern. Schalotte und Knoblauchzehe schälen, grob würfeln. Dill und Petersilie waschen, trocken schütteln und etwas zerkleinern.
2. Die vorbereiteten Zutaten in einem Mixer fein pürieren.
3. Olivenöl, Zitronensaft und Joghurt zugeben und nochmals kurz durchmixen. Mit Salz und Pfeffer abschmecken.
4. Suppe mindestens 8 Stunden im Kühlschrank durchziehen lassen. Vor dem Servieren mit Kresse und Radieschensprossen bestreuen.

Curry Cod

ZUTATEN

FÜR 4 PORTIONEN

1 Zwiebel
1 cm frischer Ingwer
3 Knoblauchzehen
1 TL Sonnenblumenöl
2 TL Currypulver
400 g Kichererbsen (aus der Dose)
800 g gehackte Tomaten (aus der Dose)
4 Kabeljaufilets (à 130–150 g)
1 Bio-Zitrone
1 Bund frischer Koriander

1. Zwiebel schälen und würfeln. Ingwer und Knoblauch schälen und fein reiben.
2. Öl in einer Pfanne erhitzen. Zwiebel darin 3 Minuten anschwitzen. Currypulver, Ingwer und Knoblauch zugeben und 2 Minuten anbraten.
3. Kichererbsen in ein Sieb geben, mit Wasser durchspülen und abtropfen lassen. Mit den Tomaten in die Pfanne geben und unterrühren. 10 Minuten köcheln lassen.
4. Kabeljaufilets zugeben, Deckel auflegen und 10 Minuten garen.
5. Zitrone waschen, abtrocknen und die Schale abreiben. Frucht in Spalten schneiden.
6. Koriander waschen, trocken schütteln und hacken.
7. Den Fisch mit Zitronenabrieb und Koriander bestreuen und mit den Zitronenspalten servieren.

Grissini

ZUTATEN

FÜR CA. 20–25 STÜCK

500 g Weizenmehl Type 405 plus mehr für die Arbeitsfläche
1 Pck. Trockenhefe
275 ml Wasser plus mehr zum Bestreichen
2 TL Salz
3 EL Olivenöl
Etwas Sesam, Mohn und/ oder Meersalz
Getrocknete Kräuter wie Rosmarin oder Thymian nach Belieben

1. Mehl, Trockenhefe, Wasser, Salz und Olivenöl in eine Schüssel geben und mit dem Handrührgerät kurz verkneten. Teig auf eine bemehlte Arbeitsfläche legen und mit den Händen ca. 10 Minuten durchkneten, bis ein glatter Teig entsteht. Zu einer Kugel formen und mit einem Küchenhandtuch bedeckt 15 Minuten gehen lassen.
2. Teig danach nochmals durchkneten und dann mit dem Teigroller zu einem Rechteck von 1 cm Dicke ausrollen. Erneut 15 Minuten ruhen lassen.
3. Backofen auf 200 °C Ober-/Unterhitze vorheizen und ein Backblech mit Backpapier auslegen.
4. Teig in 1 cm breite Streifen schneiden und jeweils etwas rund rollen. Streifen auf ein Backblech legen, mit etwas Wasser bepinseln und mit Sesam, Mohn und/oder Kräutern und Meersalz bestreuen.
5. Grissini im Ofen in 15–20 Minuten goldbraun backen und danach auf einem Kuchengitter auskühlen lassen.

Joeys Meatball-Sandwich

Joey wollte eigentlich nur sein Fleischbällchen-Sandwich retten, als er mit Ross und Chandler auf dem Rücksitz eines Autos saß und meinte, Schüsse gehört zu haben. Das muss ein großartiges Sandwich gewesen sein!

ZUTATEN

FÜR 6 STÜCK

Für die Menara-Soße:
1 Zwiebel
1 Stange Staudensellerie
1 Möhre
2 TL Sonnenblumenöl
1 Knoblauchzehe
100 g passierte Tomaten (aus der Dose)
400 g gehackte Tomaten (aus der Dose)
1 TL getrocknete italienische Kräuter
½ TL Salz
½ TL schwarzer Pfeffer
½ TL Gemüsebrühepulver
1 TL Balsamicoessig

Für die Fleischbällchen:
500 g gemischtes Hackfleisch
1 TL schwarzer Pfeffer
1 TL Knoblauchpulver
1 TL Zwiebelpulver
½ TL Salz
½ TL getrocknete italienische Kräuter
1 Brötchen vom Vortag
1 Zwiebel
1 Ei
1 TL BBQ-Soße
2 EL Sonnenblumenöl

Außerdem:
6 Baguettebrötchen
80 g geriebener Gouda

1. Für die Soße die Zwiebel schälen und fein würfeln. Sellerie und Möhre waschen, putzen und fein würfeln. Sonnenblumenöl in einer Pfanne erhitzen, Zwiebel darin anschwitzen. Sellerie und Möhre zugeben und 1 Minute braten.
2. Knoblauch schälen und fein würfeln, dann in die Pfanne geben. Passierte und gehackte Tomaten zugeben und unterrühren. Mit Kräutern, Salz, Pfeffer, Gemüsebrühepulver und Essig würzen und 10 Minuten köcheln lassen.
3. In der Zwischenzeit das Hackfleisch in einer Schüssel mit den Gewürzen vermengen.
4. Das Brötchen in kleine Würfel schneiden und untermischen.
5. Zwiebel schälen, fein würfeln, mit Ei und BBQ-Soße dazugeben und unter den Fleischteig kneten. Mit den Händen aus der Masse kleine Bällchen formen.
6. Backofen auf 180 °C Ober-/Unterhitze vorheizen und ein Backblech mit Backpapier auslegen.
7. Öl in einer großen Pfanne erhitzen und die Bällchen darin von allen Seiten gar braten. Fleischbällchen mit der Soße vermischen.
8. Baguettebrötchen aufschneiden, die Unterseiten auf das Blech setzen und mit Hackfleischbällchen und Soße belegen. Käse darüberstreuen und Brötchen im Backofen 5 Minuten backen, bis der Käse geschmolzen ist. Aus dem Ofen holen, die Baguetteoberseite auflegen und Brötchen servieren.

Monicas Lasagne

In Folge 12 der ersten Staffel sehen wir gleich zu Beginn, wie Monica zwölf Portionen Lasagne um sich herumstehen hat, die sie für Tante Sylvia gebacken hat. Da Sylvia aber vegetarische Lasagne möchte, verschenkt Monica nun ihre Lasagne an ihre Freunde. Wir machen es gleich richtig und kochen eine vegetarische Lasagne.

ZUTATEN

FÜR 4 PORTIONEN

800 g Blattspinat
2 Zwiebeln
2 Knoblauchzehen
3 EL Butter
Salz
Pfeffer
Geriebene Muskatnuss
4 EL Mehl
500 ml Milch
10 Lasagneplatten
350 g Kirschtomaten
250 g Mozzarella
2 Stängel Salbei
½ EL getrockneter Thymian
½ EL getrockneter Oregano

1. Spinat waschen, verlesen und in einem Topf mit kochendem Salzwasser kurz blanchieren. Spinat mit dem Schaumlöffel herausheben, mit kaltem Wasser abschrecken und gründlich ausdrücken. Dann grob hacken.
2. Zwiebeln und Knoblauch schälen und fein hacken.
3. 1 EL Butter in einer Pfanne erhitzen und Knoblauch und Zwiebeln darin 2 Minuten andünsten. Pfanne vom Herd nehmen und den Spinat untermengen. Mit Salz, Pfeffer und Muskat abschmecken.
4. Die restliche Butter in einen Topf schmelzen. Mehl unter Rühren kurz anschwitzen. Unter ständigem Rühren die Milch zugießen und Soße 5 Minuten köcheln lassen. Mit Salz, Pfeffer und Muskat abschmecken und Topf vom Herd nehmen.
5. Backofen auf 180 °C Ober-/Unterhitze vorheizen.
6. Etwas von der Soße in eine Auflaufform geben, darauf eine Schicht Lasagneplatten legen und etwas Spinat darauf verteilen.
7. Tomaten waschen, halbieren und darauf verteilen.
8. Den Mozzarella abtropfen lassen, reiben und etwas auf die Tomaten streuen. Etwas Soße darübergeben, dann Lasagneplatten, Spinat, Tomaten und Mozzarella schichtweise darauf verteilen, bis alle Zutaten (bis auf ein bisschen Mozzarella und Tomaten zum Bestreuen) aufgebraucht sind. Mit einer Schicht Soße abschließen und ein paar Tomatenhälften darübergeben.

9. Salbei waschen, die Blätter grob hacken und mit dem Thymian und dem Oregano über die Lasagne streuen. Mit dem restlichen Käse bestreuen und im Ofen in 40–45 Minuten goldbraun backen.

Sex oder (Schokoladen-)Kuchen

Auf was würdest du eher verzichten? Auf Sex oder Essen? Auf Sex, so Monica. Monica würde den leckeren Schokoladenkuchen, der vor ihr auf dem Teller liegt, auf jeden Fall mit auf ihr Zimmer nehmen. Chandler hat diese Antwort gar nicht gefallen.

ZUTATEN

FÜR 8 STÜCK (SPRINGFORM ∅ 26 CM)

225 g Zartbitterschokolade
125 g Butter
100 g Mehl
2 TL Backpulver
70 g Kakaopulver
250 g brauner Zucker
1 Prise Salz
4 Eier
1 Pck. Vanillezucker
150 g Crème fraîche
150 g gehackte Walnusskerne
100 g Sahne
25 g Kokosfett

1. Backofen auf 150 °C Umluft vorheizen und eine Springform mit Backpapier auslegen.
2. Zartbitterschokolade grob hacken und 125 g Schokolade mit der Butter in einem Topf schmelzen.
3. Mehl, Backpulver, Kakao, braunen Zucker und Salz in einer Schüssel vermengen.
4. Eier in einer zweiten Schüssel mit dem Handrührgerät schaumig schlagen. Die geschmolzene Schokolade untermischen und alles zur Mehlmischung geben und gut verrühren. Vanillezucker einrühren. Crème fraîche und Walnüsse unterheben.
5. Teig in die Form füllen und im Ofen 45 Minuten backen, dann abkühlen lassen.
6. Die restliche Schokolade mit Sahne und Kokosfett in einem Topf schmelzen, 5 Minuten abkühlen lassen und auf dem Kuchen verteilen.

Chandlers Käsekuchen

Die Folge 11 der Staffel 7 startet mit Chandler, der einen leckeren Käsekuchen verspeist. Rachel soll sofort auch probieren. Beide sind begeistert von der unglaublichen Cremigkeit dieses Kuchens. Als Rachel wissen möchte, woher Chandler den Kuchen hat, stellt sich heraus, dass er ihn vor der Haustür gefunden hat. Allerdings war der Kuchen gar nicht an sie adressiert, sondern an die Nachbarin Mrs. Braverman eine Etage tiefer, die ihn bei Mama's Little Bakery in Chicago bestellt hat.

ZUTATEN

FÜR 8 STÜCK (SPRINGFORM ∅ 26 CM)

Für den Mürbeteig:
140 g zimmerwarme Butter
1 Prise Salz
50 g Puderzucker
1 Ei
200 g Mehl

Für die Füllung:
100 g Mehl plus mehr für die Arbeitsfläche
1 Bio-Limette
200 g Zucker
1 Pck. Vanillezucker
100 ml Milch
5 Eier
800 g Magerquark
250 g Sahne
1 Prise Salz
30 g Speisestärke
1 EL Puderzucker

1. Butter, Salz und Puderzucker in einer Schüssel mit dem Handrührgerät verkneten, dann das Ei unterrühren.
2. Mehl und 1 EL kaltes Wasser dazugeben und die Zutaten zu einem glatten Teig verkneten.
3. Teig zu einer Kugel formen und 1 Stunde kalt stellen.
4. Backofen auf 190 °C Ober-/Unterhitze vorheizen.
5. Teig auf einer bemehlten Fläche mit dem Teigroller auf ca. ∅ 28 cm ausrollen. Teig in die Springform geben und einen 1 cm hohen Rand andrücken. Boden mit einer Gabel mehrmals einstechen und im Ofen auf unterster Schiene 10 Minuten vorbacken.
6. Limette waschen, abtrocknen, die Schale abreiben und die Frucht auspressen.
7. 100 g Zucker, Mehl, Vanillezucker und Milch in einer Schüssel mit einem Schneebesen gut verrühren. Eier trennen und die Eigelbe zusammen mit dem Quark und 3 TL Limettensaft unterrühren. Dann die Limettenschale unterheben.
8. Die Sahne in einer Schüssel mit dem Handrührgerät steif schlagen und unterheben. Eiweiße mit dem Salz in einer weiteren Schüssel steif schlagen.
9. Den restlichen Zucker und die Speisestärke zur Creme geben und 2 Minuten weiterrühren. Den Eischnee unterheben.

10. Die Temperatur des Backofens auf 170 °C reduzieren.

11. Quarkmasse auf dem vorgebackenen Teigboden verteilen und Kuchen 50 Minuten im Ofen auf der untersten Schiene backen. Dann 10 Minuten im ausgeschalteten, leicht geöffneten Ofen ruhen lassen.

12. Kuchen aus dem Ofen nehmen und auf einem Kuchengitter vollständig abkühlen lassen. Vor dem Servieren mit etwas Puderzucker bestäuben.

Rachels Trifle

Diese Szene ist einfach wunderbar: Rachel versucht sich zu Thanksgiving an einem englischen Dessert. Leider waren die Seiten des Magazins zusammengeklebt, sodass sie das Rezept für den englischen Trifle und das Rezept für Hackfleisch und Gemüse vermischt hat. So erzählt sie später stolz, woraus ihr Dessert besteht: Löffelbiskuits, Marmelade, Pudding, Himbeeren, Rindfleisch, Erbsen, Gurken, Bananen und Sahne. Und das alles in einer großen Schüssel. Ich habe den Trifle auf Gläser verteilt, denn ihr könnt euch sicher vorstellen, wie das Ganze in einer großen Schüssel aussieht, wenn sich die ersten Gäste etwas genommen haben ... Ich habe auch die Schicht mit Rindfleisch, Erbsen und Gurken weggelassen.

ZUTATEN

FÜR 6 PORTIONEN

400 g Himbeeren
100 g Löffelbiskuit
100 g Himbeermarmelade
500 g Vanillepudding
1 Banane
400 g Sahne
4 TL Puderzucker

1. Himbeeren vorsichtig waschen und trocken tupfen.
2. Löffelbiskuits in 2–3 Teile zerbrechen und die Hälfte auf 6 Gläser verteilen. Darauf die Marmelade geben, dann die Hälfte des Puddings, die Himbeeren und den Rest der Löffelbiskuits.
3. Nun den restlichen Pudding drauflöffeln.
4. Die Banane schälen, in Scheiben schneiden und ⅔ der Banane darauf verteilen.
5. Sahne in einer Schüssel mit dem Handrührgerät steif schlagen und dabei den Puderzucker einrieseln lassen. Sahne mit den restlichen Bananenscheiben auf die Desserts verteilen.

TIPP:
Wer optisch an das Original herankommen möchte, ersetzt die Rindfleischschicht durch 10 TL Nutella, 100 g Kokosflocken, 2 geschälte, klein geschnittene Kiwis und 1 geschälte, in hauchdünne Scheiben geschnittene Birne. Diese Schicht kommt zwischen die zweite Schicht Löffelbiskuit und Pudding.

Soda

Phoebes Cookies

Monica möchte unbedingt das Schokoladenkeksrezept von Phoebes Oma haben. Auch wenn Phoebe ihrer Oma auf dem Sterbebett versprochen hat, dieses Rezept niemals weiterzugeben, willigt sie ein. Pech nur, dass bei einem Brand in ihrer Wohnung das Rezept mit vernichtet wird. Übrig geblieben sind nur zwei eingefrorene Kekse, mit denen Monica das Rezept zu rekonstruieren versucht. Auch wenn sich später herausstellt, dass die Kekse der Oma einer Packung Fertigkekse entsprungen sind, habe ich hier für euch ein richtig leckeres Rezept.

ZUTATEN

FÜR CA. 30 KEKSE

225 g zimmerwarme Butter
180 g brauner Zucker
100 g Zucker
2 Eier
1 TL Vanilleextrakt
300 g Mehl
½ TL Backpulver
½ TL Natron
½ TL Salz
180 g Schokoladentröpfchen

1. Den Backofen auf 180 °C Ober-/Unterhitze vorheizen und ein Backblech mit Backpapier auslegen.
2. Die Butter und die beiden Zuckersorten in eine Schüssel geben und mit dem Handrührgerät 5 Minuten schaumig schlagen. Eier und Vanilleextrakt nach und nach unterrühren.
3. Mehl, Backpulver, Natron und Salz in einer weiteren Schüssel vermischen und unter die Buttermasse rühren. Die Schokoladentröpfchen unterheben.
4. Mit einem Teelöffel kleine Teighäufchen auf das Backpapier setzen und leicht andrücken. Dabei genügend Platz dazwischen lassen, da die Kekse auseinanderlaufen (am besten Teig in 3 Backvorgängen verarbeiten). Cookies im Ofen in 10–12 Minuten goldbraun backen.

Ross' Körbchen voller Mini-Muffins

Ross will unbedingt diese tolle Wohnung haben und versucht es mit einem Bestechungspräsent: einem Körbchen voller Mini-Muffins. Schließlich hat man ihm auch schon mal einen Korb Mini-Muffins in die Arbeit gesendet und der Tag wurde dadurch zu einem »Jubeltag«.

ZUTATEN

FÜR 24 STÜCK

200 g Mehl
2 TL Backpulver
150 g Zucker
1 Pck. Vanillezucker
1 Ei
150 g Joghurt
75 ml Sonnenblumenöl
50 g Schokoladentröpfchen

1. Backofen auf 160 °C Umluft vorheizen.
2. Mehl und Backpulver in einer Schüssel vermengen.
3. Zucker, Vanillezucker, Ei, Joghurt und Sonnenblumenöl in einer zweiten Schüssel mit dem Handrührgerät verrühren. Mehlmischung langsam untermischen. Die Schokoladentröpfchen unterheben.
4. Ein Mini-Muffinblech mit Papierbackförmchen auslegen und den Teig darin verteilen.
5. Muffins im Ofen ca. 18 Minuten backen.

GILMORE GIRLS

»Specials of the day«

Bereits die ersten Minuten der *Gilmore Girls* versprechen, dass Food ein großes Thema sein wird, denn sie spielen in »Luke's Diner«, dem Ort, an dem die Bürger von Stars Hollow essen gehen. Schaut man sich die großen Tafeln hinter der Theke genauer an, finden sich darauf schon einige tolle Leckereien. Die Tafeln habe ich während der ganzen Serie im Blick gehabt und so viele tolle »Specials of the day« gefunden.

Lukes Cream of Tomato

ZUTATEN

FÜR 4 PORTIONEN

1 Zwiebel
2 Knoblauchzehen
3 EL Olivenöl
650 g Tomaten
2 EL Tomatenmark
600 ml Gemüsebrühe
Salz
Pfeffer
1 TL Honig
1 TL getrockneter Oregano
60 g Sahne
Frisches Basilikum
2 EL Crème fraîche

1. Zwiebel und Knoblauch schälen und fein hacken. Olivenöl in einem großen Topf erhitzen und Zwiebel und Knoblauch darin 3 Minuten bei mittlerer Hitze anschwitzen.
2. Tomaten waschen, Stielansatz entfernen und Fruchtfleisch in grobe Würfel schneiden. In den Topf geben und alles 10 Minuten garen. Tomatenmark einrühren, dann die Gemüsebrühe zugießen. Alles mit Salz, Pfeffer, Honig und Oregano würzen. Die Suppe 20 Minuten köcheln lassen.
3. Suppe mit dem Stabmixer pürieren, durch ein Sieb streichen und zurück in den Topf gießen. Sahne zugießen und Suppe aufkochen lassen.
4. Basilikum waschen, trocken schütteln und die Blättchen abzupfen. Suppe mit Basilikum und Crème fraîche garniert servieren.

ROLL
TAKE
PROD.NO.
SCENE
SOUND
DATE
PROD.CO.
DIRECTOR
CAMERA

Roasted Chicken Sandwich

ZUTATEN

FÜR 1 STÜCK

100 g Hähnchenbrust
Salz
Pfeffer
2 TL Olivenöl
2 Scheiben Frühstücks-
speck
1 Ei
4 Salatblätter
½ Tomate
½ Zwiebel
2 Scheiben Toastbrot
1 EL Mayonnaise

1. Hähnchenbrust waschen, mit Küchenpapier trocken tupfen und mit Salz und Pfeffer einreiben. In einer Pfanne das Olivenöl erhitzen und die Hähnchenbrust von allen Seiten gar braten. Zur Seite legen.
2. In der gleichen Pfanne den Speck kross braten und aus dem Ei ein Spiegelei braten.
3. Salatblätter waschen und trocken schütteln. Tomate waschen und in Scheiben schneiden. Die Zwiebel schälen und in feine Ringe schneiden.
4. Toastbrot im Toaster toasten. 1 Scheibe mit Mayonnaise bestreichen und 2 Salatblätter daraufgeben. Tomatenscheiben obenauf legen.
5. Hähnchenbrust in Scheiben schneiden und auf den Tomatenscheiben verteilen. Bacon auflegen. Zwiebelringe und Spiegelei darauflegen, mit dem restlichen Salat belegen und die zweite Toastscheibe daraufsetzen. Das Sandwich etwas zusammendrücken und diagonal halbieren.

Mac 'n' Cheese

ZUTATEN

FÜR 4 PORTIONEN

60 g Butter
70 g Mehl
400 ml Milch
200 g Sahne
1 EL Worcestershiresoße
½ TL gemahlener Pfeffer
1 EL Senf
500 g Makkaroni
100 g geriebener Parmesan
200 g geriebener Cheddar
200 g geriebener Emmentaler
50 g Paniermehl oder Panko
1 Knoblauchzehe

1. Für die Mehlschwitze 40 g Butter in einem Topf schmelzen. Das Mehl bei mittlerer Temperatur mit einem Schneebesen einrühren, bis eine glatte Masse entsteht. Milch, Sahne und die Worcestershiresoße angießen und Soße unter ständigem Rühren zum Kochen bringen. Mit Pfeffer würzen.
2. Senf einrühren und alles auf niedriger Stufe 10 Minuten köcheln lassen.
3. Backofen auf 180 °C Ober-/Unterhitze vorheizen.
4. Die Makkaroni nach Packungsanleitung in einem Topf mit kochendem Salzwasser garen. 2 Minuten vor der empfohlenen Kochzeit durch ein Sieb abseihen.
5. Nudeln mit der Soße vermengen. Parmesan, Cheddar und Emmentaler unterheben. Masse in eine Auflaufform oder gusseiserne Pfanne füllen.
6. Restliche Butter in einer Pfanne schmelzen und das Paniermehl darin anrösten. Knoblauch schälen, dazupressen und 2 Minuten weiterbraten. Paniermehl auf den Makkaroni verteilen und Auflauf im Backofen 30 Minuten backen.

Lemon-Baiser-Pie

ZUTATEN

FÜR 8–12 STÜCK (TARTEFORM ∅ 26 CM)

Für den Teig:
125 g kalte Butter plus mehr für die Form
250 g Mehl plus mehr für die Form und die Arbeitsfläche
1 Ei
1 Eigelb
1 Prise Salz
1 Pck. Vanillezucker
3 EL Zucker
Getrocknete Erbsen oder Linsen zum Blindbacken

Für die Füllung:
2 Eier
2 Eigelbe
150 ml Zitronensaft
1 EL Speisestärke
100 g Puderzucker
1 TL Zitronenschale

Für das Baiser:
3 Eiweiß
1 Prise Salz
100 g Puderzucker

1. Backofen auf 180 °C Umluft vorheizen. Tarteform etwas einfetten und mit Mehl bestäuben.
2. Für den Teig Butter, Mehl, Ei, Eigelb, Salz, Vanillezucker und Zucker in eine Schüssel geben und mit dem Handrührgerät verkneten. Auf einer bemehlten Arbeitsfläche mit dem Teigroller ausrollen. Die Form mit dem Teig auskleiden und dabei einen ca. 3 cm hohen Rand formen.
3. Teig mehrmals mit einer Gabel einstechen. Backpapier auflegen und mit getrockneten Erbsen oder Linsen beschweren. Boden im Ofen auf der untersten Schiene 20 Minuten vorbacken. Dann herausnehmen und etwas abkühlen lassen. Backpapier und Erbsen oder Linsen entfernen.
4. Für die Füllung Eier und Eigelbe in einer Schüssel schaumig rühren.
5. In einem Topf Zitronensaft, Speisestärke, Puderzucker und Zitronenschale verrühren und bei mittlerer Hitze leicht erwärmen. Eiermischung unter Rühren zugeben und erwärmen, bis die Masse etwas andickt. Masse auf den Teig geben und glatt streichen.
6. Temperatur des Backofens auf 140 °C reduzieren.
7. Für das Baiser die Eiweiße mit dem Salz in einer Schüssel steif schlagen und den Puderzucker langsam einrieseln lassen. Baiser auf dem Kuchen verteilen und Kuchen im Ofen auf der mittleren Schiene 20 Minuten backen, bis das Baiser leicht gebräunt ist.

Apple Pie

ZUTATEN

FÜR 8–12 STÜCK (PIEFORM ∅ 26 CM)

Für den Teig:
400 g Mehl plus mehr für die Arbeitsfläche
50 g Zucker
1 Prise Salz
250 g kalte Butter

Für die Füllung:
1 kg säuerliche Äpfel
3 EL Zitronensaft
150 g brauner Zucker
1 TL gemahlener Zimt
½ TL gemahlene Muskatnuss
1 Msp. gemahlener Kardamom
1 Msp. gemahlener Ingwer
4 gehäufte EL Mehl

1. Für den Teig Mehl, Zucker und Salz in einer Schüssel verrühren. Butter in kleinen Würfeln zugeben und mit den Händen zu einem Teig verkneten. Sollte der Teig zu fest sein, dann bis zu 5 TL kaltes Wasser zugeben. Teig zu einer Kugel formen, in Folie wickeln und mindestens 30 Minuten in den Kühlschrank stellen.
2. Für die Füllung Äpfel schälen, entkernen, in kleine Würfel schneiden und sofort in einer Schüssel mit dem Zitronensaft vermengen, damit die Apfelstücke nicht braun werden. Zucker, Zimt, Muskat, Kardamom, Ingwer und Mehl gut mit den Apfelstücken vermischen.
3. Backofen auf 180 °C Ober-/Unterhitze vorheizen.
4. Teig halbieren. Eine Hälfte auf der bemehlten Arbeitsfläche mit dem Teigroller ausrollen und als Boden in die Form legen, dabei einen Rand von ca. 1½ cm formen. Mit einer Gabel den Boden mehrfach einstechen und den Boden 15 Minuten im Backofen vorbacken. Aus dem Ofen nehmen und abkühlen lassen.
5. Die Apfelmasse darauf verteilen.
6. Den restlichen Teig ausrollen und auf den Kuchen geben, dazu entweder aus Teigstreifen ein Gitter bilden oder mit einem Keksausstecher Formen ausstechen und auf dem Kuchen verteilen. Apple Pie im Ofen in 45–50 Minuten goldbraun backen.

STAUB
STAUB

Hot Chocolate

ZUTATEN

FÜR 2 PORTIONEN

220 g Sahne
225 g Schokolade mit mindestens 65 % Kakaoanteil
350 ml Vollmilch
3 EL Puderzucker
Kakaopulver zum Garnieren

1. 100 g Sahne in einer Schüssel mit dem Handrührgerät halbsteif schlagen und dann kalt stellen.
2. Schokolade sehr fein hacken.
3. Milch, restliche Sahne und Puderzucker in einem Topf vermischen und unter Rühren langsam erwärmen (aber nicht kochen lassen).
4. Topf vom Herd nehmen, Schokolade zugeben und mit einem Holzlöffel verrühren, bis sie sich vollständig aufgelöst hat.
5. Kakao in 2 große Tassen füllen, Schlagsahne daraufgeben und etwas Kakaopulver darüberstreuen. Sofort servieren.

Ratatouille

Die Schönheit des Gemüses – kaum hat Sookie vor sich den Korb voller Gemüse gesehen, macht sie sich schon daran, im »Dragonfly Inn« die weltbeste Ratatouille zu kochen.

ZUTATEN

FÜR 4 PORTIONEN

1 Zucchini
1 Aubergine
10 Tomaten
1 rote Paprikaschote
1 grüne Paprikaschote
1 Zwiebel oder 2 Schalotten
1 Knoblauchzehe
1 Stängel Thymian
1 Stängel Rosmarin
3 EL Olivenöl
Salz
Frisch gemahlener schwarzer Pfeffer

1. Zucchini und Aubergine waschen, putzen und klein schneiden. Tomaten waschen, den Stielansatz entfernen und die Tomaten vierteln. Paprikaschoten putzen, waschen und in Streifen schneiden. Zwiebel und Knoblauch schälen, Zwiebel klein würfeln, Knoblauch fein hacken. Thymian und Rosmarin waschen, trocken schütteln und hacken.
2. Olivenöl in einer Pfanne erhitzen und die Zwiebeln darin kurz anschwitzen, dann nach und nach Aubergine, Zucchini und Paprika zugeben.
3. Knoblauch und Kräuter untermischen und Gemüse 10 Minuten köcheln lassen.
4. Tomaten einrühren und weitere 10 Minuten köcheln lassen. Mit Salz und Pfeffer abschmecken.

Fazzoletti-Pasta in Salbeibutter

Gespannt warten Sookie und Lorelai auf die Kritik des Restaurantkritikers Lucien Mills, der erst vor Kurzem im »Independence Inn« Sookies Essen getestet hat. Besonders hob Mills die Fazzoletti-Pasta mit Salbeibutter hervor. Die schmeckt aber auch wirklich köstlich.

ZUTATEN

FÜR 4 PORTIONEN

300 g Pastamehl Type 00
2 Eier
5 Eigelb
2 TL Olivenöl
etwas Mehl für die Arbeitsfläche
25 frische Salbeiblätter
100 g Butter
1 Knoblauchzehe
Meersalz
Schwarzer Pfeffer
50 g geriebener Parmesan

1. Pastamehl, Eier, Eigelbe und Öl in einer Küchenmaschine zu einem geschmeidigen Teig verkneten und dann auf einer bemehlten Arbeitsfläche mit den Händen 5 Minuten weiterkneten. Zu einem flachen Fladen formen, in Klarsichtfolie verpacken und 1 Stunde an einem kühlen Ort ruhen lassen.
2. Nudelteig danach möglichst dünn ausrollen (klappt am besten mit einer Nudelmaschine) und mit einem Teigrädchen in ca. 6 x 12 cm große Stücke schneiden. Die Nudeln in einem Topf mit kochendem Salzwasser portionsweise in 5 Minuten bissfest garen. Mit einem Schaumlöffel herausheben und in einem Sieb abtropfen lassen.
3. Salbeiblätter waschen und mit Küchenpapier trocken tupfen.
4. Butter in einer großen Pfanne schmelzen und die Salbeiblätter zugeben. Auf niedriger Stufe 5 Minuten braten. Knoblauch schälen und in die Pfanne pressen. 1 Minute mitbraten.
5. Nudeln in die Pfanne geben und mit der Soße mischen. Auf Tellern anrichten und mit Meersalz, Pfeffer und Parmesan bestreuen.

SALT

Risotto

Dass Lucien Mills das Risotto »nur« als gut bezeichnet hat, kratzt ziemlich an Sookies Ego. Gut ist ihr eben nicht gut genug. So macht sie sich daran, 40 Risottos zu kochen – mit dem Ergebnis, dass ihr ihr »Wunder-Risotto« immer noch am besten schmeckt. Als sie sich die Abrechnung heraussucht, stellt sie fest, dass die schlechte Bewertung nur auf den falschen Wein zurückzuführen ist, den man Mills dazu serviert hat. Denn ein Riesling harmoniert in ihren Augen nicht mit ihrem Risotto. Also macht sie sich, bepackt mit Risotto und Wein, auf, um Lucien Mills in seinem Haus von ihrem Gericht zu überzeugen.

ZUTATEN

FÜR 2 PORTIONEN

1 Zwiebel
1 Knoblauchzehe
2 TL Olivenöl
Salz
180 g Risottoreis
400 g stückige Tomaten (aus der Dose)
600 ml Gemüsebrühe
50 g geriebener Parmesan
50 g Mascarpone
Etwas frisches Basilikum

1. Zwiebel und Knoblauch schälen und fein würfeln. Öl in einer großen Pfanne bei mittlerer Hitze erwärmen. Zwiebelwürfel mit etwas Salz zugeben und in 10 Minuten goldbraun braten. Knoblauch zugeben und 1 Minute anbraten.
2. Den Reis einrühren und 2 Minuten unter Rühren anrösten. Tomaten zugießen, unterrühren und alles zum Kochen bringen.
3. 300 ml Gemüsebrühe angießen, unterrühren und Risotto köcheln lassen, bis die Flüssigkeit aufgesogen ist. Restliche Gemüsebrühe nach und nach zugeben, jeweils unterrühren und köcheln lassen, bis die Flüssigkeit aufgesogen und der Reis al dente ist.
4. 30 g Parmesan und den Mascarpone einrühren.
5. Basilikum waschen, trocken schütteln und klein zupfen.
6. Risotto mit dem restlichen Parmesan und Basilikum bestreut servieren.

Roquefort-Taschen

Zur Trauerfeier zu Ehren von Babettes und Moreys Kater Cinnamon bringt Sookie ein paar Roquefort-Taschen mit, die sie unbedingt auf dem Buffet platzieren will.

ZUTATEN

FÜR 4 STÜCK

1 Rolle TK-Blätterteig
Etwas Mehl für die Arbeitsfläche
150 g Roquefort
2 Eier
150 g Crème fraîche
Salz
Pfeffer
2 TL gemischte TK-Kräuter

1. Den Blätterteig leicht antauen lassen und ausgerollt auf eine mit Mehl bestäubte Arbeitsplatte legen. Mit etwas Wasser bestreichen und in 4 gleich große Quadrate (ca. 6 x 6 cm) schneiden.
2. Ein Backblech mit Backpapier auslegen und den Backofen auf 200 °C Ober-/Unterhitze vorheizen.
3. Roquefort in einer Schüssel mit einer Gabel zerdrücken und mit Eiern, Crème fraîche, Salz und Pfeffer verrühren. Die Kräuter unterheben.
4. Käsemasse auf den Blätterteig-Quadraten verteilen, dabei einen Rand frei lassen. Die Quadrate zusammenklappen, sodass jeweils ein Dreieck entsteht, und die Ränder mit den Zinken einer Gabel andrücken.
5. Blätterteigtaschen auf das Blech legen und im Ofen auf der mittleren Schiene in ca. 15 Minuten goldbraun backen.

TIPP:
Du kannst natürlich auch Kreise ausstechen und diese füllen. Auch gefüllte Rechtecke lassen sich prima mit den Blätterteigplatten herstellen.

Schokotorte zur Aufmunterung

Lorelai Victoria Gilmore hat sich noch schnell ein Stück von Sookies Schokoladentorte mitgenommen, um es ihrer Tochter Rory zur Aufmunterung zu überreichen, denn schließlich musste die mit ihrem Großvater einen Tag auf dem Golfplatz verbringen. Eigentlich fand Rory den Tag aber gar nicht so schlecht. Lorelai wirkt ein wenig eifersüchtig, doch sie findet Trost in dem größten Cheeseburger der Welt, den sie bei Luke bestellt.

ZUTATEN

FÜR 16 STÜCK (SPRINGFORM ∅ 26 CM)

100 g Zartbitterkuvertüre
3 Eier
100 g Zucker
1 Pck. Vanillezucker
1 Prise Salz
80 g Mehl
80 g Speisestärke
15 g Kakaopulver
2 TL Backpulver
Etwas Butter für die Form
500 g Zartbitterschokolade
750 g Schlagsahne
Gehackte Schokolade und Obst zum Garnieren

1. Kuvertüre grob hacken und in einer Schüssel im heißen Wasserbad schmelzen, dann 15 Minuten abkühlen lassen.
2. Die Eier trennen. Das Eiweiß in einer Schüssel mit dem Handrührgerät steif schlagen, dabei langsam Zucker, Vanillezucker und Salz einrieseln lassen. Eigelbe nacheinander langsam unterrühren und die abgekühlte flüssige Kuvertüre unter Rühren unterheben.
3. Mehl, Stärke, Kakao und Backpulver in einer Schüssel vermengen und portionsweise mit einem Teigschaber unter die Eiermasse heben.
4. Backofen auf 170 °C Ober-/Unterhitze vorheizen und eine Springform einfetten. Teig in die Form füllen und 25 Minuten im Ofen backen. Danach auf einem Kuchengitter abkühlen lassen.
5. In der Zwischenzeit die Schokolade hacken.
6. Die Sahne in einem Topf erhitzen (nicht kochen). Topf vom Herd nehmen und die Schokolade einrühren, bis sie vollständig geschmolzen ist. Mischung abkühlen lassen und dann mindestens 4 Stunden kühl stellen.
7. Den Kuchenboden waagerecht halbieren. Den unteren Boden auf eine Tortenplatte setzen und mit einem Tortenring umschließen. Die Hälfte der Schokoladencreme mit dem Handrührgerät cremig aufschlagen und auf den Boden streichen. Den zweiten Boden auflegen und Kuchen 1 Stunde kalt stellen.

8. Die restliche Schokoladencreme aufschlagen, den Tortenring lösen und den Kuchen mit der Creme einstreichen. Nach Belieben mit gehackter Schokolade oder Früchten garnieren.

Blaubeertörtchen

Sookie wollte eigentlich unbedingt Erdbeertörtchen machen, doch ihr Lieferant Jackson brachte Blaubeeren, da die Erdbeeren nicht schön genug waren. So wanderten eben Blaubeeren in die Törtchen. Eine große Schachtel mit Blaubeertörtchen hat Lorelai auch ihren Eltern bei ihrem freitäglichen Besuch mitgebracht und sie als Spezialität angepriesen.

ZUTATEN

FÜR 6 STÜCK (6 TARTEFÖRMCHEN ∅ 10 CM)

Für den Mürbeteig:

250 g Mehl plus mehr für die Arbeitsfläche
80 g Zucker
1 Prise Salz
150 g kalte Butter plus mehr für die Formen
1 Ei
Getrocknete Erbsen oder Linsen zum Blindbacken

Für die Füllung:

½ Pck. Vanillepuddingpulver
200 ml Milch
1 EL Zucker
300 g frische Blaubeeren

1. Für den Teig Mehl, Zucker, Salz, Butter und Ei in eine Schüssel geben und mit dem Handrührgerät schnell zu einem glatten Teig verkneten. Teig in Klarsichtfolie wickeln und 1 Stunde im Kühlschrank ruhen lassen
2. Backofen auf 180 °C Ober-/Unterhitze vorheizen.
3. Teig auf einer bemehlten Arbeitsfläche ausrollen und 6 gefettete Tarteförmchen (∅ ca. 10 cm) damit auskleiden. Backpapier auflegen und mit Erbsen oder Linsen beschweren. Törtchen ca. 15 Minuten im Ofen backen.
4. Backpapier und Erbsen oder Linsen entfernen und Teig weitere 5 Minuten backen.
5. Für die Füllung den Pudding nach Packungsangabe mit 200 ml Milch und 1 EL Zucker zubereiten.
6. Die Beeren waschen, verlesen und mit Küchenpapier trocken tupfen.
7. Törtchen aus der Form lösen und mit noch dickflüssigem Pudding bestreichen und mit Beeren belegen.

Blaubeer-Muffins

Blaubeer-Muffins und Kaffee sind ein gutes Frühstück für die Gilmore Girls. Gut, dass Luke am Tresen immer ein paar Muffins unter der Glasglocke stehen hat.

ZUTATEN

FÜR 12 STÜCK

100 g Butter
3 Eier
200 g Zucker
1 Pck. Vanillezucker
200 ml Milch
350 g Mehl
1 EL Backpulver
½ TL Salz
250 g Blaubeeren

1. Die Butter bei schwacher Hitze in einem Topf zerlassen.
2. Eier in eine Schüssel geben und mit dem Handrührgerät verquirlen. Zucker, Vanillezucker, Butter und Milch dazugeben und gründlich verrühren.
3. Den Backofen auf 200 °C Ober-/Unterhitze vorheizen.
4. Mehl, Backpulver und Salz in einer weiteren Schüssel vermengen und dann unter die Buttermischung rühren.
5. Beeren waschen, verlesen, trocken tupfen und unterheben.
6. Eine Muffinform mit Papierförmchen auslegen und den Teig mit einem Eisportionierer in die Förmchen geben. Muffins im Ofen 25 Minuten backen.

Mrs. Kims gesunde Muffins

Mrs. Kim betreibt ein Antiquitätengeschäft in Stars Hollow, das überfüllt ist mit Möbeln zum Schnäppchenpreis. Eine Etage über dem Geschäft wohnt die Familie Kim. Als Lane nach der Schule mit Rory nach Hause kommt, hat Mrs. Kim Muffins gebacken. Ohne Zucker, ohne Milch und ohne Weißmehl – also sehr gesund, wie Mrs. Kim sagt.

ZUTATEN

FÜR 12 STÜCK

1 reife Banane
100 g Butter
1 TL flüssiger Honig
3 Eier
60 ml Mandeldrink
1 Prise Salz
Saft von ½ Zitrone
250 g gemahlene Mandeln
1 Pck. Backpulver
50 g Weizenkeime
50 g Trockenfrüchte
50 g entsteinte Datteln

1. Backofen auf 200 °C Ober-/Unterhitze vorheizen und ein Muffinblech mit Papierförmchen auslegen.
2. Banane schälen und in einer Schüssel mit einer Gabel zerdrücken. Butter und Honig zugeben und mit dem Handrührgerät schaumig schlagen.
3. Eier, Mandeldrink, Salz und Zitronensaft zugeben und zu einer glatten Masse verrühren.
4. Gemahlene Mandeln und Backpulver untermischen. Weizenkeime zugeben.
5. Trockenfrüchte und Datteln hacken und unterheben.
6. Teig in die Muffinförmchen füllen und 18–20 Minuten im Ofen backen.

Donuts

Donuts verfolgen mich durch viele Episoden, denn die werden nicht nur gern für ein schnelles Frühstück verzehrt, sondern liegen auch so oft verführerisch auf dem Tresen herum, dass ich am liebsten zugreifen möchte.

ZUTATEN

FÜR 12 STÜCK

175 ml Milch
90 g Butter
400 g Mehl plus mehr für die Arbeitsfläche
1 Pck. Trockenhefe
150 g Zucker
1 Prise Salz
1 Ei
1 Eigelb
1 l Sonnenblumenöl
1 Prise gemahlener Zimt

1. Die Milch in einem Topf erwärmen und 40 g Butter darin schmelzen. Dann Topf vom Herd nehmen und Mischung etwas abkühlen lassen.

2. In einer Schüssel Mehl, Hefe, 50 g Zucker und Salz vermengen. Ei, Eigelb und die Butter-Milch-Mischung zugeben und mit dem Handrührgerät 5 Minuten zu einem Teig kneten. Den Teig zu einer Kugel formen und mit einem sauberen Küchentuch abgedeckt 1 ½ Stunden gehen lassen.

3. Danach den Teig nochmals gut durchkneten und mindestens 2 Stunden im Kühlschrank ruhen lassen.

4. Nochmals durchkneten und auf einer bemehlten Arbeitsfläche mit dem Teigroller 1 ½ cm dick ausrollen. Mit einem (Donut-)Ausstecher ∅ 8 cm 12 Donuts ausstechen. Alternativ mit einem Glas oder einem runden Ausstecher Teigkreise ausstechen und mit einem kleineren runden Ausstecher das Loch in der Mitte (∅ 4–5 cm) ausstechen. Die Teigkreise auf ein bemehltes Backpapier legen und abgedeckt an einem warmen Ort 1 Stunde gehen lassen.

5. Öl in einem großen Topf auf ca. 180 °C erhitzen und die Donut-Teiglinge nacheinander vorsichtig ins heiße Fett legen und 1 ½ Minuten ausbacken, dabei einmal wenden. Donuts mit einer Schaumkelle herausheben und auf Küchenpapier abtropfen lassen.

6. Die restliche Butter in einem Topf schmelzen und den restlichen Zucker in einer Schüssel mit dem Zimt vermengen. Die fertigen Donuts mit der geschmolzenen Butter bestreichen und im Zimtzucker wenden.

Schokoladen-Pancakes

Schokoladen-Pancakes zum Frühstück? Aber gerne doch. Bei Luke wird (fast) jeder kulinarische Wunsch erfüllt.

ZUTATEN

FÜR CA. 10 STÜCK

150 g Mehl
1 ½ TL Backpulver
3 EL Backkakao
2 reife Bananen
180 ml Milch
Sonnenblumenöl zum Braten
1 TL Ahornsirup
Schokoladensoße, geraspelte Schokolade oder Obst (nach Wahl)

1. Mehl, Backpulver und Kakao in einer Schüssel vermengen.
2. Bananen schälen, klein schneiden und in einer Schüssel mit dem Stabmixer pürieren. Milch, 2 EL Öl und Ahornsirup mit dem Mus verrühren. Mehlmischung zugeben und alles mit dem Schneebesen verrühren.
3. Etwas Öl in einer Pfanne erhitzen und jeweils 2 EL Teig in die Pfanne geben. In 2 Minuten zu einem Pancake ausbacken, dabei einmal wenden. Vorgang wiederholen, bis der Teig aufgebraucht ist.
4. Die noch warmen Pancakes mit Schokoladensoße, geraspelter Schokolade oder frischem Obst servieren.

Zimtbrötchen

Die Zimtbrötchen gehen mir seit Folge 8 der ersten Staffel nicht mehr aus dem Kopf. Denn als Rory und Lane die Küche von Sookie betreten, bietet sie ihnen Zimtbrötchen an. Aber Rory will nur die leckeren Schoko-Nuss-Kekse (Rezept siehe S. 126) für ihren neuen Freund Dean Forester. Gut, dass ich beides für euch habe.

ZUTATEN

FÜR 10 STÜCK

130 g Butter
130 g Rohrzucker
1 Pck. Vanillezucker
1 TL gemahlener Zimt
1 Prise gemahlener Sternanis
1 Prise gemahlene Nelken
1 Prise gemahlener Kardamom
1 Prise gemahlene Muskatnuss
200 g Quark
2 Eier
1 Pck. Backpulver
500 g Mehl
1 Prise Salz

1. Backofen auf 180 °C Ober-/Unterhitze vorheizen.
2. Butter, Rohrzucker, Vanillezucker, Zimt, Sternanis, Nelken, Kardamom und Muskatnuss in einer Schüssel mit dem Handrührgerät verrühren. Quark und Eier nach und nach zugeben und untermischen.
3. Backpulver, Mehl und Salz in einer weiteren Schüssel vermengen und dann zur Buttermasse geben. Alles zu einem Teig verkneten.
4. Aus dem Teig 10 Kugeln formen und diese auf ein mit Backpapier belegtes Backblech setzen. Brötchen im Ofen in 20 Minuten goldbraun backen.

Schoko-Nuss-Kekse

Ihr könnt euch gar nicht vorstellen, wie lecker diese Kekse duften.

ZUTATEN

FÜR 24 STÜCK

200 g Butter
200 g Zucker
1 Pck. Vanillezucker
1 Ei
1 TL Natron
1 Prise Salz
250 g Mehl
250 g Vollmilchschokolade
100 g Haselnusskerne (oder andere Lieblingsnüsse)

1. Backofen auf 180 °C Ober-/Unterhitze vorheizen und zwei Backbleche mit Backpapier auslegen.
2. Butter, Zucker und Vanillezucker in einer Schüssel mit dem Handrührgerät vermengen. Das Ei zugeben und verrühren. Natron, Salz und Mehl untermischen.
3. Schokolade und Nüsse grob hacken und unter den Teig heben.
4. 24 Teighäufchen auf die Backbleche setzen und die Kekse im Ofen in 10–12 Minuten goldbraun backen. Nach dem Backen 5 Minuten auf dem Blech ruhen lassen und dann auf einem Kuchengitter abkühlen lassen.

Kiwi-Eis

»Ich sollte mal Kiwi-Eis machen«, überlegt Sookie. Doch ich bin ihr zuvorgekommen und stelle euch hier ein Kiwi-Eis à la Sookie vor.

ZUTATEN

FÜR 4 PORTIONEN

6 Kiwis
180 ml Milch
2 EL flüssiger Honig
80 g Zucker
2 EL Zitronensaft
200 g Sahne

1. Kiwis schälen, klein schneiden, in eine Schüssel geben und mit dem Stabmixer pürieren. Milch, Honig, Zucker und Zitronensaft zugeben und gut untermischen.

2. Sahne in einer Schüssel mit dem Handrührgerät steif schlagen und unter die Kiwimasse heben. Masse in eine Eismaschine füllen und gefrieren lassen. Alternativ kannst du die Masse in einen Behälter geben und einfrieren. Dabei in den ersten 2 Stunden alle 30 Minuten gut durchrühren, damit das Eis schön cremig bleibt.

DOWNTON ABBEY

Kedgeree

Kedgeree gehört als herzhafte Alternative einfach mit auf den Frühstückstisch auf Downton Abbey. Und Daisy Mason, die Küchenhilfe und spätere Assistentin der Köchin, hat ein so tolles Kedgeree gekocht, dass sie von allen Seiten gelobt wurde.

ZUTATEN

FÜR 4 PORTIONEN

475 g geräuchertes Schellfischfilet
500 ml Wasser
2 Lorbeerblätter
200 g Basmatireis
4 Eier
100 g TK-Erbsen
40 g Butter
1 TL Sonnenblumenöl
1 Zwiebel
1 TL Currypulver
½ TL gemahlener Koriander
3 TL Sahne
Saft von 1 Zitrone
Frisch gemahlener schwarzer Pfeffer

1. Fisch in eine große Pfanne geben und mit dem Wasser übergießen. Lorbeerblätter zugeben und alles aufkochen lassen. Fisch bei mittlerer Hitze 10 Minuten köcheln lassen. Dann durch ein Sieb abseihen, dabei die Flüssigkeit auffangen. Die Lorbeerblätter entfernen und den Fisch in mundgerechte Stücke zerteilen.

2. Die aufgefangene Flüssigkeit in einen Topf geben und aufkochen lassen. Den Reis zugeben und 10 Minuten köcheln lassen. Topf vom Herd nehmen und Reis mit geschlossenem Deckel 5 Minuten ziehen lassen.

3. In der Zwischenzeit die Eier in einem Topf mit kochendem Wasser hart kochen. Dann mit kaltem Wasser abschrecken, pellen und halbieren.

4. Erbsen kurz in einem Topf mit kochendem Salzwasser garen, durch ein Sieb abseihen und zur Seite stellen.

5. Zwiebel schälen und fein würfeln. Butter und Öl in einer großen Pfanne erhitzen. Zwiebelwürfel in dem Öl kurz anschwitzen. Curry- und Korianderpulver zugeben und 3 Minuten mit anschwitzen. Reis zugeben und unterrühren. Erbsen, Sahne und Zitronensaft untermischen. Fisch unterheben und alles 3 Minuten erhitzen.

6. Kedgeree in eine Servierschüssel füllen und mit den Eierhälften belegen. Mit frisch gemahlenem Pfeffer bestreuen.

Lachsmousse

Laut Mrs. Patmore kann jeder Mensch eine Lachsmousse zubereiten. Also auch wir, oder? Es ist auch wirklich leicht. Daisy versuchte es mit einem neuen Handrührgerät, das fand Mrs. Patmore aber erst einmal sehr befremdlich.

ZUTATEN

FÜR 4 PORTIONEN

50 g Räucherlachs in Scheiben
4 EL Doppelrahmfrischkäse
2 EL Zitronensaft
1 Bund Schnittlauch
Salz
Pfeffer
100 g Feldsalat
1 Baguette

1. Den Räucherlachs würfeln, mit Frischkäse und Zitronensaft in eine Schüssel geben und mit dem Stabmixer pürieren.
2. Schnittlauch waschen, trocken schütteln und in Röllchen schneiden. ⅔ davon unter die Mousse rühren und die Masse mit Salz und Pfeffer abschmecken.
3. Feldsalat waschen und trocken schütteln, Baguette in Scheiben schneiden.
4. Lachsmousse auf die Brotscheiben streichen, mit dem restlichen Schnittlauch bestreuen und mit Feldsalat garnieren.

Bouchées au fromage

Als er sich auf die Aufnahmeprüfung für eine kostenlose Ausbildung zum Koch vorbereitet, widmet sich Alfred leckeren Käsepastetchen.

ZUTATEN

FÜR 4 STÜCK

3 Rollen TK-Blätterteig
Mehl für die Arbeitsfläche
1 Eigelb
1 Knoblauchzehe
50 g zimmerwarme Butter
150 g Magerquark
150 Ziegenkäse
Pfeffer
Salz
½ Bund Schnittlauch

1. Blätterteig auftauen lassen und auf einer bemehlten Arbeitsfläche aufeinanderlegen.
2. Den Backofen auf 200 °C Ober-/Unterhitze vorheizen.
3. Den Blätterteig mit dem Teigroller 3 mm dick ausrollen und 8 Kreise (∅ ca. 6 cm) ausstechen. Kreise mit etwas Wasser bepinseln. 4 Kreise auf ein mit Backpapier belegtes Backblech legen. Aus den restlichen Kreisen die Mitte (ca. 2 cm) ausstechen. Diese Ringe auf die Kreise auf dem Backblech setzen.
4. Die Blätterteigreste aufeinanderlegen und erneut ausrollen. Nochmals 4 Kreise ausstechen und die Mitte entfernen. Ringe wieder auf die 4 Blätterteigkreise auf dem Backpapier setzen.
5. Eigelb in einer Tasse verquirlen und die Blätterteigkreise damit einpinseln. Dann im Ofen in 10–15 Minuten goldbraun backen. Abkühlen lassen.
6. Knoblauch schälen und fein würfeln. Die Butter in einer Schüssel mit dem Handrührgerät schaumig schlagen.
7. Quark in ein Sieb geben und die Feuchtigkeit ausdrücken. Den Ziegenkäse mit einer Gabel zerdrücken.
8. Quark und Ziegenkäse mit der Butter verrühren und mit Salz und Pfeffer würzen. Den Knoblauch unterheben. Masse in einen Spritzbeutel füllen und in die Pasteten spritzen.
9. Schnittlauch waschen, trocken schütteln und fein hacken. Die Pasteten damit bestreuen.

TIPP:
Noch schneller geht es, wenn du bereits fertige Königinnenpasteten kaufst.

Kümmelkuchen

Kein Dorffest ohne Kümmelkuchen! Der englische Traditionskuchen kommt auch in *Downton Abbey* häufig vor.

ZUTATEN

FÜR 1 KASTENFORM (CA. 20 X 13 CM)

170 g Zucker
170 g zimmerwarme Butter
3 Eier
½ TL Vanilleextrakt
170 g Mehl
½ TL Backpulver
50 g gemahlene Mandeln
4 TL Milch
4 TL Kümmelsamen
1 TL brauner Zucker
1 TL Mandelblättchen

1. Backofen auf 190 °C Ober-/Unterhitze vorheizen und eine Kastenform mit Backpapier auslegen.
2. Zucker und Butter in eine Schüssel geben und mit dem Handrührgerät schaumig aufschlagen. Eier und Vanilleextrakt nach und nach unterrühren.
3. Mehl, Backpulver, Mandeln, Milch und Kümmelsamen untermischen.
4. Teig in die Form füllen und mit dem braunen Zucker und den Mandelblättchen bestreuen. Im Ofen in 1 Stunde goldbraun backen (Stäbchenprobe machen).

Dundee Cake

Der Dundee Cake ist ein Paradebeispiel dafür, wie schön ein einfacher Kuchen sein kann. Die mit Mandeln verzierte Oberfläche ist fast schon ein Kunstwerk. Deshalb gibt es diesen Kuchen auch sehr oft beim Nachmittagstee.

ZUTATEN

FÜR 8–12 STÜCK (SPRINGFORM ∅ 26 CM)

1 Bio-Orange
200 g zimmerwarme Butter
200 g Muscovado-Zucker
3 TL Aprikosenkonfitüre
3 Eier
250 g Mehl
½ Pck. Backpulver
100 g gemahlene Mandeln
Je 2 Msp. gemahlener Zimt, Kardamom, Koriander
2 EL Milch
500 g gemischte Trockenfrüchte (Zitronat, Orangeat, Ingwer oder Aprikosen)
100 g eingelegte Kirschen
100 g blanchierte Mandeln

1. Backofen auf 180 °C Ober-/Unterhitze vorheizen und den Boden einer Springform mit Backpapier auslegen.
2. Die Orange heiß abwaschen, abtrocknen und die Schale abreiben.
3. Butter und Zucker in einer Schüssel mit dem Handrührgerät cremig aufschlagen. Orangenschale und Konfitüre unterrühren.
4. Eier nach und nach untermischen. Mehl, Backpulver und gemahlene Mandeln zugeben und verrühren. Gewürze und Milch unterrühren. Früchte und Kirschen unterheben.
5. Teig in die Form füllen und glatt streichen. Mandeln von innen nach außen kreisförmig auf den Teig legen.
6. Kuchen 45 Minuten im Ofen backen, mit einem Stäbchen prüfen, ob er fertig ist. Bleibt noch Teig daran hängen, noch etwas länger im Ofen lassen.

Earl-Grey-Gugelhupf

ZUTATEN

FÜR 1 GUGELHUPFFORM (Ø 22 CM) ODER 2 KLEINE FORMEN (Ø 12 CM)

270 g zimmerwarme Butter plus mehr für die Form
500 g Mehl plus mehr für die Form
15 g Earl-Grey-Tee
4 Eier
250 g Zucker
¼ TL Salz
1 Bio-Zitrone
250 g Schmand
1 Pck. Backpulver
50 g Puderzucker

1. Backofen auf 180 °C Ober-/Unterhitze vorheizen und eine Gugelhupfform leicht einfetten und mit etwas Mehl bestäuben.
2. Tee in einem Mörser oder einer Küchenmaschine fein mahlen.
3. 250 g Butter in einem Topf schmelzen und erhitzen, bis sie leicht gebräunt ist, dann Topf zur Seite stellen und Butter abkühlen lassen.
4. Eier, Zucker und Salz in einer Schüssel mit dem Handrührgerät schaumig schlagen. Geschmolzene Butter nach und nach unterrühren.
5. Die Zitrone abwaschen, abtrocknen und die Schale abreiben. Zitronenschale und gemahlenen Tee unter den Teig rühren. Schmand unterheben.
6. Mehl mit dem Backpulver vermengen und unter den Teig rühren.
7. Teig in die Form füllen und 50–60 Minuten im Ofen backen (Stäbchenprobe machen). Bei Verwendung der zwei kleinen Gugelhupfformen reduziert sich die Backzeit um ca. 10 Minuten.
8. Kuchen 10 Minuten in der Form abkühlen lassen, dann herausheben und auf ein Kuchengitter stellen.
9. Die restliche Butter in einem Topf schmelzen und den noch warmen Gugelhupf damit einpinseln.
10. Kuchen vollständig abkühlen lassen und vor dem Servieren mit Puderzucker bestäuben.

Englische Muffins

Downton Abbey war für mich als »Foodie« ein ganz besonderes Erlebnis, denn allein die vielen Aufnahmen in Mrs. Patmores Küche mit all den Backwaren waren schon sehr beeindruckend. Englische Muffins gehören einfach zum Frühstück mit dazu.

ZUTATEN

FÜR 15 STÜCK

250 ml Milch
½ Würfel frische Hefe
1 EL Zucker
400 g Mehl plus mehr für die Arbeitsfläche
50 g zimmerwarme Butter
1 TL Salz
3 EL Hartweizengrieß

1. Die Milch in einem Topf lauwarm erwärmen.
2. Hefe in eine Schüssel bröseln und mit der lauwarmen Milch übergießen. Zucker zugeben und verrühren, bis sich alles vollständig aufgelöst hat.
3. Mehl, Butter und Salz zugeben und alles mit dem Handrührgerät zu einem klebrigen Teig verkneten.
4. Die Arbeitsfläche leicht bemehlen und den Teig darauf mit den Händen durchkneten, bis er nicht mehr klebt und mit einer leichten Mehlschicht bedeckt ist.
5. Teig mit dem Teigroller 1 cm dick ausrollen. Mit einem Glas oder Ausstecher 15 Kreise (∅ 8 cm) ausstechen. Die Teigreste wieder zusammenkneten, ausrollen und weitere Kreise ausstechen.
6. Ein Backblech mit Backpapier auslegen und 2 EL Hartweizengrieß gleichmäßig darauf verstreuen.
7. Die Teigkreise mit etwas Abstand zueinander auf das Backblech legen und mit dem restlichen Hartweizengrieß bestreuen. Abgedeckt an einem warmen Ort 60 Minuten gehen lassen.
8. Eine große beschichtete Pfanne ohne Öl bei mittlerer Hitze erwärmen und die Muffins darin von beiden Seiten je 4 Minuten goldbraun braten.

Madeleines

Madeleines in allen Variationen sind einfach ein Muss bei jeder Teegesellschaft. Auf Downton Abbey gibt es sie auch als süßes »Betthupferl«.

ZUTATEN

FÜR 20 STÜCK (MADELEINE-FÖRMCHEN)

80 g Butter plus mehr für die Formen
3 Eiweiß
100 g Puderzucker
60 g Mehl plus mehr für die Formen
40 g gemahlene Mandeln
1 TL Honig
1 Msp. Backpulver

1. Die Butter in einem Topf schmelzen und erhitzen, bis sie etwas Farbe annimmt.
2. Das Eiweiß in einer Schüssel mit dem Handrührgerät sehr steif schlagen.
3. Puderzucker, Mehl und Mandeln in einer weiteren Schüssel vermischen und mit dem Eischnee vermengen. Butter und Honig unterrühren. Teig über Nacht im Kühlschrank ruhen lassen.
4. Backofen auf 180 °C Ober-/Unterhitze vorheizen.
5. Backpulver unter den Teig mischen und die Madeleine-Förmchen mit Butter einfetten und mit Mehl bestäuben.
6. Den Teig mit einem kleinen Löffel in die Madeleine-Förmchen geben und 10–15 Minuten im Ofen backen, bis die Madeleines schön goldbraun sind.

Scones

Scones sind einfach überall zu finden – in der Küche, im Speisesaal und bei Beryl Patmor, Köchin und Betreiberin einer Bed-and-Breakfast-Pension. Scones schmecken, am besten noch lauwarm, mit Konfitüre (zum Beispiel mit der Orangenmarmelade auf S. 156), Butter, Clotted Cream oder etwas Honig am leckersten.

ZUTATEN

FÜR 12 STÜCK

250 g Mehl plus mehr für die Arbeitsfläche
2 ½ TL Backpulver
40 g Zucker
½ TL Salz
60 g zimmerwarme Butter
2 Eier
100 g Sahne

1. Den Backofen auf 220 °C Umluft vorheizen und ein Backblech mit Backpapier auslegen.
2. Mehl, Backpulver, Zucker, Salz und Butter in eine Schüssel geben und mit dem Handrührgerät verkneten, sodass sich Streusel bilden.
3. Eier und Sahne in einer Schüssel verrühren und 2 EL davon zur Seite stellen. Die restliche Eiermischung zum Teig geben und verkneten.
4. Etwas Mehl auf die Arbeitsfläche geben und den Teig ca. 2 cm dick mit dem Teigroller ausrollen. Mit einem runden Ausstecher oder Glas (∅ ca. 4 cm) 12 Scones ausstechen.
5. Die Scones auf das Backblech legen, mit der restlichen Eier-Sahne-Mischung bepinseln und in 15–20 Minuten im Ofen goldbraun backen.

TIPP:
Besonders schön werden die Scones, wenn sie mit einem Ausstecher in Blütenform ausgestochen werden.

Pavlova

Kleine Baisers mit Früchten sind auch in *Downton Abbey* beliebt, so werden sie schon in der ersten Staffel der Serie serviert.

ZUTATEN

FÜR 12 STÜCK

Für das Baiser:
6 zimmerwarme Eiweiße
350 g Zucker
30 g Speisestärke
1 ½ TL Weißweinessig
Für den Belag:
250 g kalte Sahne
1 Pck. Sahnesteif
Beeren oder andere Früchte nach Belieben
Puderzucker und/oder Schokoladenraspel nach Belieben

1. Backofen auf 130 °C Umluft vorheizen und 3 Backbleche mit Backpapier auslegen.
2. Eiweiße in eine saubere und fettfreie Schüssel geben und mit dem Handrührgerät steif schlagen, dann langsam den Zucker einrühren. Weitere 3 Minuten rühren.
3. Speisestärke in die Eiweißmasse sieben und mit dem Essig unterrühren.
4. Von der Baisermasse mithilfe von zwei Esslöffeln 12 gleich große Häufchen formen, diese auf die Backbleche setzen und mit einem Teelöffel in jedes Häufchen eine Mulde drücken.
5. Die Temperatur des Ofens auf 100 °C Umluft reduzieren und die Baisers im unteren Drittel des Ofens 75–90 Minuten lang backen. Das Baiser sollte nicht zu stark gebräunt sein. Zwischendrin bitte nicht die Tür öffnen! Die Baisers sind fertig, wenn man sie ganz leicht vom Backpapier herunterbekommt.
6. Den Backofen ausschalten und die Baisers 1 Stunde im Ofen auskühlen lassen.
7. Für den Belag die Sahne und das Sahnesteif in eine Schüssel geben und mit dem Handrührgerät steif schlagen. Sahne auf den Baisertörtchen verteilen und mit Beeren, Früchten, Puderzucker und/oder geraspelter Schokolade nach Belieben garnieren.

Charlotte russe

Charlotte russe sieht man öfter, sie wird auch bei Isobels Ladies Lunch serviert. Auch Violet stellt fest, dass es eine Schande wäre, sich diese Nachspeise entgehen zu lassen.

ZUTATEN

FÜR 4 PORTIONEN (4 KLEINE SPRING-FORMEN ∅ 10 CM)

300 g Sahne
5 Blatt Gelatine
300 ml Milch
1 Vanilleschote
4 Eigelbe
100 g Zucker
36 Löffelbiskuits
Frische Früchte nach Wahl

1. Die Sahne in eine Schüssel geben und mit dem Handrührgerät steif schlagen.

2. Die Gelatine in eine Schüssel mit kaltem Wasser legen.

3. Milch und die längs aufgeschnittene Vanilleschote in einen Topf geben und erwärmen (nicht kochen lassen).

4. Eigelbe und Zucker in einer Schüssel schaumig aufschlagen, bis der Zucker vollständig aufgelöst ist.

5. Vanilleschote aus der Milch nehmen und die Milch unter die Eigelbmasse rühren. Die Masse nun in einem heißen Wasserbad unter ständigem Rühren aufschlagen. Gelatine ausdrücken und nach und nach unter die Creme geben, bis sich die Gelatine vollständig aufgelöst hat.

6. Die Schüssel mit der Creme in eine große Schüssel mit Eiswürfeln setzen und so lange rühren, bis die Masse abgekühlt ist und etwas geliert. Die steife Sahne unterheben.

7. Löffelbiskuits 1 cm kürzen und am Rand entlang in die Springformen stellen. Die Reststücke auf den Böden verteilen.

8. Creme in die Formen füllen und mindestens 4 Stunden im Kühlschrank fest werden lassen. Springformrahmen lösen, Charlotte russe auf Teller setzen und mit frischen Früchten garnieren.

Tartelettes

Tartelettes mit allen erdenklichen Füllungen werden bei der Hochzeit von Mr. Carson und Mrs. Hughes gereicht. Ich habe sie mit weißer Schokolade ausgestrichen, das gibt ihnen noch das gewisse Etwas.

ZUTATEN

FÜR 8 STÜCK (8 TARTELETTE-FÖRMCHEN ∅ 10 CM)

Für den Mürbeteig:
125 g kalte Butter plus mehr für die Formen
250 g Mehl plus mehr für die Arbeitsfläche
1 Ei
1 Prise Salz
1 Pck. Vanillezucker
3 EL Zucker
Für die Füllung:
50 g weiße Kuvertüre
200 g Sahne
1 Pck. Sahnesteif
250 g Mascarpone
100 g Puderzucker
1 Pck. Vanillezucker
Für die Deko:
250 g Beeren (nach Wahl)
Einige Minzblätter

1. Backofen auf 180 °C Ober-/Unterhitze vorheizen und die Förmchen gut einfetten.
2. Für den Teig kalte Butter, Mehl, Ei, Salz, Vanillezucker und Zucker in eine Schüssel geben und mit dem Handrührgerät schnell zu einem Teig verkneten.
3. Die Arbeitsfläche bemehlen und den Teig darauf mit einem Teigroller ausrollen. Mit einem Ausstecher oder einer Tasse 12 cm große Kreise ausstechen und in die Tartelette-Förmchen legen, dabei einen Rand formen. Teigboden mehrmals mit einer Gabel einstechen. Tartelettes im Ofen 20 Minuten backen. Abkühlen lassen und dann aus den Förmchen nehmen.
4. Für die Füllung weiße Kuvertüre hacken, in eine Schüssel geben und im heißen Wasserbad schmelzen. Die Törtchen innen damit bestreichen. Schokolade fest werden lassen.
5. Sahne und Sahnesteif in eine Schüssel geben und steif schlagen.
6. Mascarpone, Puderzucker und Vanillezucker in einer weiteren Schüssel verrühren und die Sahne unterheben. Creme mithilfe eines Spritzbeutels auf den Tartelettes verteilen. Törtchen mit frischen Früchten nach Belieben und Minzeblättern garnieren

Orangenmarmelade

Orangenmarmelade steht natürlich immer auf dem Frühstückstisch parat. Sie passt auch zu noch leicht warmen Scones (Rezept siehe S. 148) besonders gut.

ZUTATEN

FÜR 8 GLÄSER À 200 ML

2 kg Bio-Orangen
2 Bio-Zitronen
1 Vanilleschote
1 kg Gelierzucker 2:1

1. Orangen gut waschen, abtrocknen und mit einer Gabel mehrmals in die Schale stechen. Orangen in eine große Schüssel legen und mit Wasser bedecken. Die Orangen 2 Tage ziehen lassen und jeden Tag das Wasser 3 Mal auswechseln.
2. Zitronen gut abwaschen, abtrocknen und klein schneiden.
3. Die Orangen aus dem Wasser heben, klein schneiden und mit den Zitronenstücken in einen großen Topf (ca. 8 l) geben. Mit Wasser bedecken und 24 Stunden ruhen lassen.
4. Danach Obstmischung 1 Stunde kochen lassen. Mit einem Pürierstab grob zerkleinern.
5. Die Vanilleschote längs aufschlitzen und das Mark herausschaben. Mark in den Topf geben und unterrühren. Nochmals alles 1 Stunde lang köcheln lassen.
6. Gelierzucker unterrühren und Masse weitere 10 Minuten köcheln lassen.
7. Marmelade in sterile Gläser abfüllen, diese zuschrauben und auf den Kopf gestellt abkühlen lassen.

Ginger Beer

Bei Ginger Beer handelt es sich um eine alkoholfreie Limonade, die unglaublich erfrischend ist und ihren Ursprung schon im 18. Jahrhundert hat. Bei den Dorffesten in *Downton Abbey* ist das Getränk genauso beliebt wie bei Madeleine Allsopps Picknick.

ZUTATEN

FÜR 4 LITER

Für den Ansatz:
100 g frischer Bio-Ingwer
50 g Zucker
200 ml Wasser
Für das Ginger Beer:
100 g frischer Bio-Ingwer
3 Bio-Limetten
4 l Wasser
300 g Rohrohrzucker

1. Für den Ansatz 2 EL Ingwer mit Schale grob reiben und mit 2 EL Zucker und dem Wasser in ein Glas (ca. 500 ml) geben. Das Glas mit einem Kaffeefilter und einem Gummiband verschließen und ein paar Tage stehen lassen, bis die Flüssigkeit zu blubbern beginnt. Dabei einmal am Tag durchschwenken.
2. Danach jeden Tag jeweils 1 TL geriebenen Ingwer und 1 TL Zucker zugeben und umrühren, bis sich der Zucker gelöst hat. Dies jeden Tag wiederholen, bis alle 5–10 Sekunden Bläschen nach oben steigen.
3. Für das Ginger Beer den Ingwer mit Schale reiben. Die Limetten waschen, abtrocknen, die Schale abreiben und den Saft auspressen.
4. 2 Liter Wasser in einem Topf aufkochen, Ingwer, Limettensaft und -schale zugeben, den Herd ausschalten und die Flüssigkeit mit geschlossenem Deckel 30 Minuten auf dem Herd ziehen lassen.
5. Durch ein feines Sieb abseihen und mit dem Zucker vermengen. Das restliche Wasser zugeben und auf 30 °C abkühlen lassen.
6. Den Ansatz durch ein feines Sieb dazugießen. Limonade in sterile PET-Flaschen füllen und im Kühlschrank aufbewahren.

ACHTUNG:
Bei der Gärung entsteht Kohlenstoffdioxid und kann im Extremfall Glasflaschen zum Platzen bringen. Ich nehme daher PET-Flaschen und kontrolliere jeden Tag den Druck und lasse notfalls durch Öffnen der Flaschen etwas Druck ab.

NACHWORT

Wisst ihr, was beim Kochen und Backen am meisten Spaß gemacht hat? Ich habe die gleichnamige Serie immer gleichzeitig dazu geschaut. Das war richtig toll. Meist habe ich mir dabei Kopfhörer aufgesetzt und war ganz in der jeweiligen Welt versunken.

Es war echt lustig, mal wieder ein paar alte Folgen zu sehen. Man bemerkt dann erst, wie viel Zeit seit der ersten Ausstrahlung vergangen ist. Die Welt hat sich zwar in den ganzen Jahren gewaltig verändert, aber eines ist geblieben: der Spaß mit den Protagonisten.

Und Spaß hatte ich auch mit meinen Helfern und Helferinnen, die mein Küchenchaos beseitigt und sehnsüchtig darauf gewartet haben, dass ich endlich mit dem Foto fertig war, damit sie das Zubereitete verspeisen konnten.

Danke an Jens, Nadine und Ayana für euren Einsatz. Danke an Sven, Uwe und Sandra für eure Freundschaft, die spannender ist als jede Serie.

Danke auch, dass ihr gerade dieses Buch in der Hand haltet. Ich freue mich auf euren Besuch bei mir auf der Website *www.patrickrosenthal.de*. Oder folgt mir auf *facebook.com/patrickrosenthal.de* und *instagram.com/patrick_rosenthal*.